_____ 님의 소중한 미래를 위해
이 책을 드립니다.

AI도 모르는

**부의
비밀**

AI도 모르는 부의 비밀

인플레이션 시대를 이겨내는
스마트한 투자법

손병택(블랙) 지음

메이트북스

메이트북스 우리는 책이 독자를 위한 것임을 잊지 않는다.
우리는 독자의 꿈을 사랑하고,
그 꿈이 실현될 수 있는 도구를 세상에 내놓는다.

AI도 모르는 부의 비밀

초판 1쇄 발행 2023년 10월 1일 | **지은이** 손병택(블랙)
펴낸곳 (주)원앤원콘텐츠그룹 | **펴낸이** 강현규·정영훈
책임편집 박은지 | **편집** 안정연·남수정 | **디자인** 최선희
마케팅 김형진·이선미·정채훈 | **경영지원** 최향숙
등록번호 제301-2006-001호 | **등록일자** 2013년 5월 24일
주소 04607 서울시 중구 다산로 139 랜더스빌딩 5층 | **전화** (02)2234-7117
팩스 (02)2234-1086 | **홈페이지** matebooks.co.kr | **이메일** khg0109@hanmail.net
값 18,000원 | **ISBN** 979-11-6002-412-8 03320

시장에서 당신의 목표는 불확실성을 피하는 것이 아니라,
그것을 이용해 성장하는 것이다.

• 마크 저커버그(메타 CEO) •

40년 만의 인플레이션 상황,
어떤 투자를 해야 살아남을까?

요즘 자고 일어나면 "공공 가스 요금이 올랐다" "식당의 음식 가격이 올랐다"는 뉴스를 심심찮게 볼 수 있습니다. 이와 함께 우리는 모든 상품 및 서비스 가격이 오르는 사상 초유의 인플레이션을 맞이하면서 전방위적인 자산의 흔들림을 목도하고 있습니다. 그러면서 많은 사람들이 "이제 투자로 돈 버는 시대는 끝났어" "노동의 소중함을 알아야 해" "예적금이 최고야" 같은 이야기를 조금씩 하곤 합니다.

물론 지금은 투자로 돈을 벌기엔 힘든 시기인 것은 맞습니다. 미국 S&P500 지수의 연간 평균 배당수익률이 1%대인 반면 한국은행 예금 수익률은 4% 전후입니다. 이런 상황이니 누가 굳이 무리해서 주식투자를 하겠나요? 그냥 은행에 돈을 넣어두기만 하면 되는데요.

지금이 힘든 시기인 것은 맞습니다. 하지만 우리는 이런 위기 속에서도 기회를 찾을 수가 있습니다. 먼저 저의 개인적인 투자 이야기를 하면서 글을 시작해보겠습니다.

저는 2009년 LG화학으로 주식투자를 시작했습니다. 그때 당시 학생일 때라 거시경제*에 관심이 전혀 없었고, 그냥 유명한 회사라는 이유로 LG화학을 사서 큰 수익을 냈었습니다. 그 이후로 여러 번 매매를

> **거시경제:** 개별적인 경제주체들의 상호작용으로 인해 발생하는 국가 전체적인 현상을 바라보는 경제 관점. 환율, 금리, 환율 등 굵직한 경제지표를 주로 다룸.

통해 500만 원의 투자금을 2배 이상으로 불렸습니다. 하지만 투자의 세계에는 '초심자의 행운'이라는 말이 있죠? 그 이후 잦은 매매와 손절매를 반복하면서 수익금을 거의 잃어버리고 소액의 수익을 내는 데 그쳤습니다.

그땐 미처 몰랐습니다. 2008년 금융위기 이후 글로벌 증시가 폭락하며 반토막이 났었고, 2009년은 주가가 바닥을 친 증시 회복기였었다는 사실을요. 즉 2009년에 우량주를 매수했으면 누구나 대부분 수익을 낼 수밖에 없었던 상황이었다는 사실을 그때에는 몰랐습니다. 당시 아무것도 모르고 스스로 잘났다고 생각하면서 어설프게 투자

를 했었던 부끄러운 기억이 아직도 제 머리 한편에 자리 잡고 있습니다.

그 이후, 저는 열심히 거시경제를 공부하면서 2019년에 '블랙, 쉽게 배우는 재테크'라는 유튜브 채널을 만들었습니다. 채널 운영은 제게 귀중한 경험이었습니다. 많은 유튜버 분들이 그렇겠지만, 하나의 영상을 만들기 위해서는 많은 노력이 들어갑니다. "어떻게 하면 쉽게 설명할까?" "이야기의 흐름이 자연스러운가?" "내가 맞는 말을 하고 있는 걸까?" 등과 같은 여러 가지 고민을 하면서 저의 실력도 조금씩 쌓여갔습니다.

저는 개인적으로 거시경제를 매우 중요하게 생각합니다. 2009년에 제가 소액이지만 수익을 낼 수 있었던 것은 저의 투자 실력보다는 당시의 거시경제 분위기가 좋았기 때문이라고 생각하고 있습니다. 즉 저금리에 기반해 풍부한 유동성 덕분에 제가 수익을 낼 수 있었던 것이었습니다. 물론 정말 고수 분들이라면 어떤 상황 속에서도 수익을 낼 수 있겠지만 저 같은 평범한 사람들은 투자하기 편안한 환경에서 투자해야 수익을 극대화할 수 있다고 생각합니다.

그렇다면 '편안하게 투자할 수 있는 환경'은 언제일까요? 지금일까요? 그렇지는 않습니다. 저는 2020년이 바로 그런 때였다고 생각합니다. 시계를 2020년으로 돌려보겠습니다.

기준금리: 한 나라의 금리를 대표하는 정책 금리로써 기준 금리에 다양한 형태의 금리가 덧붙여지면서 채권 금리, 예금 금리 등이 결정됨.

2020년 3월 코로나19 경제위기가 우리를 찾아왔고, 미국 연방준비제도(이하 연준, Fed)는 기준금리*를 0%로 낮추고 무제한 양적완화를 시행하면서 시장을 살리기 위해서 안간힘을 썼습니다. 어렸을 때 뉴스로만 봤고, 책을 통해 간접 경험했었던 경제위기 상황이 눈앞에서 펼쳐진 순간이었습니다. 당시 대부분 회사들의 주가가 반토막이 났었고, 비트코인의 가격은 국내 거래소인 업비트 기준으로 1비트당 600만 원 아래로 떨어졌습니다.

저는 이때 하늘이 준 기회라고 생각해, 두근거리는 가슴을 부여잡고 부동산자산을 제외한 모든 현금을 투입해 코인을 매수했습니다. 심지어 들고 있던 연금과 펀드도 해제했고, 거기에 더해 보험담보대출까지 받아서 가진 모든 자금을 코인에 투자했습니다. 당시 펀드를 해지했을 때, 수화기 너머 상담사분이 만류했었던 목소리가 아직도 기억납니다. "최근에 주가가 많이 빠져서 손실이 큰데 들고 계시는 게 낫지 않을까요? 현재 30% 이상 손실 중입니다." 그때 저는 그냥 해지해달라고 다급하게 대답했었던 기억이 생생하게 납니다.

그 이후 비트코인은 1비트당 8천만 원 이상으로 올라갔고, 흔히 말하는 상당수의 잡코인들이 100배 이상 오르기도 했습니다. 평소에

'연준에서 돈을 풀면서 달러의 가치가 떨어지면 코인이 가장 민감하게 반응한다'는 사실을 알고 있었기 때문에 당시 이런 결정을 내릴 수 있었습니다. 그리고 그 이후, 저는 욕심을 버리고 2021년에 대부분의 투자자산을 정리했습니다.

지금 세계는 40년 만의 인플레이션 상황을 맞이했고, 세계의 중앙은행들은 앞다투어 기준금리를 올리면서 인플레이션과 맞서 싸우는 중입니다. 게다가 미국 연준은 팬데믹 때 풀었던 유동성을 빠른 속도로 회수하고 있습니다.

저도 거시경제 공부를 시작한 이후 처음 맞이한 상황이라 어질어질한데요, 다시 말씀드리지만 지금은 40년 만의 인플레이션 상황입니다. 다르게 표현하자면 40세 미만이신 분들은 처음 경험하는 경제 상황이라는 말이 됩니다. 그리고 보통 투자를 성인이 되면서 시작하기 때문에 60~70세이신 분들 역시 처음 겪는 경제 상황일 수도 있겠습니다.

그럼에도 불구하고 많은 사람들이 수년 전의 과거 경험에 기반해 생각을 바꾸지 않고 있습니다. 즉 "이제는 오를 때가 되었어" "지금이 매수 적기야" "고점 대비 어느 정도 빠졌으니 이제 바닥이야" 등의 말을 하면서 여전히 적극적으로 투자를 하고 있습니다.

저는 이 책을 통해 유례없는 인플레이션의 실체에 대해 알아보고, 나아가 앞으로 어떤 투자를 해야 이런 시장에서 살아남을 수 있을지에 대한 개인적인 생각을 전달해드리겠습니다. 2020년 이후 많은 사람들이 주식, 코인, 부동산 같은 투자자산에 대해 관심이 커진 것은 사실입니다. 하지만 시장은 결코 만만하지 않습니다. 사람이 붐비면 그만큼 수익률이 떨어지고, 우리를 손실이라는 구렁텅이로 몰아가는 게 바로 투자시장입니다.

현재 많은 사람들이 여러 투자자산들을 고점에 매수해서 힘들어하고 계십니다. 제 주변에도 투자로 힘들어하시는 분들이 매우 많습니다. 삼성전자를 9만 원대에 크게 매수하신 분, 셀트리온을 30만 원대에 매수하신 분, 비트코인을 최고점인 8천만 원에 매수해서 지금도 손실 중인 분들도 많고, 2021년에 부동산을 최고점에 매수해서 대출이자만 매월 수백만 원씩 내고 있는 분들도 많습니다. 그럼 그냥 이대로 계실 건가요? 이미 손실 중이라고 투자가 끝난 것이 아닙니다. 앞으로 투자할 날들이 훨씬 많습니다. 그렇기 때문에 이렇게 손실을 경험 중인 분들도 이 책을 읽고 나면 앞으로 어떤 마인드를 가지고 현재 투자 중인 자산들을 관리해야 할지에 대한 힌트를 얻으실 수 있을 것입니다.

저는 종종 자기계발서를 읽습니다. 제가 과거에 감명 깊게 읽은 스펜서 존슨의 『피크 앤드 밸리(Peaks and Valleys)』라는 책의 내용에 대해 잠깐 설명을 드리겠습니다. 참고로 스펜서 존슨은 『누가 내 치즈를 옮겼을까?』란 세계적인 베스트셀러로 유명해진 분입니다.

『피크 앤드 밸리』라는 책은 꼭대기와 바닥을 대하는 마인드를 다루고 있습니다. 사람의 인생은 누구나 꼭지(피크)가 있고 바닥(밸리)이 있습니다. 그렇기 때문에 이를 자연스럽게 받아들여야 합니다. 꼭지에 이미 도달했는데 이것을 거슬러 더 올라가려고 억지로 애를 쓸 필요가 없다는 것입니다. 그리고 바닥에 도달했더라도 기다리면 분명히 다시 올라갈 수 있기 때문에 절망하지 말고 이러한 기회를 잡아야 합니다.

우리의 투자자산도 마찬가지입니다. 꼭지가 있으면 바닥이 있기 마련입니다. 2021년 투자자산에 대한 꼭지의 시기가 있었다면, 앞으로 우리는 투자자산의 바닥을 맞이할 수 있을 겁니다. 이미 인플레이션 피크가 확인되면서 어느 정도 여러 자산들의 바닥은 확인되었습니다만, 여전히 시장이 불안한 상황인 것은 맞습니다. 아직은 추가적인 바닥을 찾아 시장이 헤매는 구간이라 판단합니다. 그런데 이러한 바닥은 아무에게나 오지 않고, 아무나 알아차릴 수 없습니다. 그리고 지금은 40년 만의 인플레이션 시기를 맞이했기 때문에 지난 몇 년간의 경험에 의거해 바닥을 감히 단언할 수도 없는 상황입니다.

투자 격언 중 "바닥인 줄 알았는데 지하실이 더 있더라"는 말이 있습니다. 현재 바닥일지 지하실일지 단정 지을 수는 없지만 지금은 이런 마인드를 가지고 조심스럽게 투자할 필요는 있어 보입니다. 그렇지만 대부분의 자산 가격이 고점 대비 큰 폭으로 하락했기 때문에 모든 것을 포기하고 투자에 등을 돌릴 때는 아니라고 봅니다.

지금은 위기와 기회가 모두 공존해 있습니다. 그렇기 때문에 이런 난이도 높은 상황 속에서 투자하기 위해서는 많은 전문가들이 말하는 것처럼 여러 분야에 자산을 배분해놓는 전략이 가장 좋은 방법일 수도 있습니다. 하지만 그러한 자산 배분은 일반인이 이해하기 어렵고, 따라 하기도 쉽지 않습니다. 지금처럼 어려운 국면에서는 예적금도 좋은 투자처로 보이지만, 조금 더 긴 호흡으로 봤을 때에는 암호화폐(코인)와 부동산이 좋은 투자자산이 되지 않을까 생각합니다. 물론, 부동산은 내 집 마련 목적으로 접근하는 게 좋습니다.

현재와 미래의 투자에 대해 고민 중이신 분들을 위해 이 책에서는 다음과 같은 내용을 다뤘습니다.

첫째, 거시경제 관점에서 현재 어떤 상황인지 체크해봤습니다. 지금은 과연 어느 국면에 우리가 처해있는지, 투자 환경은 어떤지에 대해 철저히 분석해봤습니다. 그리고 이를 기반으로 우리는 어떤 자세를 가지고 투자에 임해야 하는지 알아봤습니다. 다만 이 책을 2023년 3월에서 6월까지 집필했기 때문에 여러분께서 보고 계시는 현시점과는 약간의 투자 환경의 차이는 존재할 수 있습니다. 그렇지만 제가 생각하는 여러 투자 지표들의 상관 관계를 활용하시면 책을 이해하는 데 지장은 없을 것으로 보입니다.

둘째, 40년 만의 인플레이션을 유발한 주범인 코로나19 경제위기 상황에 대해 철저히 분석해봤습니다. 그리고 지금의 인플레이션이 과거와 다른 점을 체크해드렸고, 앞으로 시장 상황이 어떻게 흘러갈지도 점검해봤습니다.

마지막으로, 이런 분위기 속에서 우리는 어떤 자산에 집중해야 하는지 최종 점검해봤습니다. 저는 크게 암호화폐와 부동산을 유망 자산으로 꼽고 있습니다. 하지만 지금 같은 분위기에서는 당장 오르기엔 어려운 것은 사실입니다. 대변혁을 앞둔 암호화폐의 흐름을 예측해봤고, 한국인의 영원한 투자자산인 부동산의 미래에 대해서도 분석해봤습니다.

손병택(블랙)

차례

▲　▼　▲

거시경제를 공부하는 것은 투자자에게 매우 중요합니다. 이를 통해 어떤 자산을 언제 사야 할지 쉽게 알 수 있기 때문입니다. 거시경제를 미리 알았었다면 주식을 고점에 사놓고 매일 본전 탈출을 위해 기도 드리는 일은 일어나지 않았을 겁니다. 그리고 이 책을 읽는 동안에도 새로운 경제 사이클은 생겨나는 중입니다. 그렇기 때문에 지금이라도 이 책을 통해 거시경제를 함께 공부해보는 것은 어떨까요? 투자의 세계로 함께 나아가보시죠.

▼　▲　▼

PART 1

계속
돌고 도는
경제 사이클

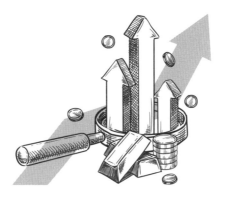

✖ ✖ ✖

코로나19 이후 모든 자산이 올라버렸습니다.
그렇다고 우리는 모든 것을 포기한 채
손가락만 빨 수는 없습니다.

✖ ✖ ✖

1장

우리는 언제나
안갯속을 걷고 있다

▲　▼　▲

"High Risk, High Return"이라는 매우 유명한 말이 있습니다. 투자에 많은 위험 요소가 있다면 보다 큰 수익으로 보답받을 수 있다는 말입니다.

하지만 Return이라는 것은 수익이 될 수도 있고, 손실이 될 수도 있습니다. 즉 투자로 인해 언제든지 손해 볼 가능성이 있다는 것입니다.

그런데 많은 사람들은 손실을 고려하지 않고 수익만 상상한 채 무작정 투자의 세계에 뛰어듭니다. 특히 코로나19 시대를 맞이해 주식, 부동산, 암호화폐 같은 모든 투자자산의 가격이 오르자 "투자를 하지 않으면 바보"라는 이야기도 나왔습니다. 흔히 말하는 '벼락거지'*라는 말이 생겼던 것도 바로 이 시기였습니다.

> **벼락거지:** 자신의 소득에 별다른 변화가 없었음에도 부동산과 주식 등의 자산 가격이 급격히 올라 상대적으로 빈곤해진 사람을 가리키는 신조어

코로나19 경제위기 이후 불어온 투자 광풍

항상 위기 이후에 기회가 온다고 합니다. 이것은 투자의 세계에도 해당되는 말입니다. 왜냐하면 경제위기가 오면 세계 각국의 중앙은 행은 늘 돈을 풀어 시중에 유동성을 공급하면서 경제위기를 해결해 오곤 했기 때문입니다. 위기를 극복하는 과정에서 돈이 시중에 많이 풀리기 때문에 자산 가격의 상승은 당연히 따라왔습니다.

이에 똑똑한 사람들은 늘 위기를 기다려왔고, 몇몇은 2020년에 코로나19 경제위기를 통해 막대한 부를 거머쥘 수 있었습니다. 그래서 항상 경제위기가 오면 빈부 격차는 확대되고 신흥 부자들이 탄생하곤 했습니다. 2008년 서브프라임 금융위기, 2020년 코로나19 경제위기가 대표적인 경우입니다.

2020년은 투자 광풍이 불었던 시기였습니다. 주식, 부동산, 암호화폐가 무려 몇 배씩 올랐습니다. 이 시기를 기점으로 투자에 관심을 가지는 분들이 늘어났습니다. 투자에 관심이 덜 했었던 사회초년생, 주부, 학생들도 투자에 관심을 갖기 시작하면서 "이들도 투자에 뛰어들었다" 는 기사를 곳곳에서 접했습니다.

이 시기에 유행했었던 단어는 FOMO*인데요, "동료가 코인 투자

> **FOMO:** Fear Of Missing Out 의 머리글자들에서 따온 말로 '소외되는 것에 대한 두려움' 을 나타내는 정신학적 용어. 하루가 다르게 급등하는 투자 자산을 바라보며 남들을 따라 잡으려는 마음이 강하게 작용 하면서 추격매수하게 되는 심리 상태.

나스닥지수와 비트코인의 차트

주식과 코인 모두 2021년 하반기에 최고점 기록

나스닥지수

비트코인

출처: Tradingeconomics.com

해서 수억 원을 벌었대" "친구가 아파트를 사서 벌써 2배나 올랐대" 같은 말을 들으면 사람의 마음이 급해집니다. "나는 아무것도 하지 않았는데 그동안 뭐하고 있었지?" "나는 더 공격적인 투자를 해야 하지 않을까?" 결국 FOMO에 사로잡혀 위험한 투자를 시작하게 됩니다.

그러면서 부동산 영끌족과 흔히 말하는 '잡코인'을 고점해서 매수하는 사람이 생겨났으며, 위험한 중소형주를 매수하는 사람들도 늘었습니다. 심지어 이들은 남들보다 더 빠르게 가기 위해 대출을 많이 받아 투자에 나섰습니다. 2021년에 2030세대의 부동산 영끌이 급증했다는 소식은 많이 들어보셨을 겁니다.

영끌로 집마련, 빚투로 주식… 30대 빚 11% 급증
[2021.12.16. 출처: 조선일보]

전 세계적인 인플레이션,
무엇 하나 싼 게 없다

세상에 영원한 것은 없습니다. 전 세계적인 인플레이션과 금리 인상 속에 우리의 투자자산은 일제히 고점을 찍고 하락해버렸습니다. 그리고 많은 사람들이 "앞으로 더 빠진다"고 주장하고 있습니다. 실제로 많은 경제 지표가 지금 이 시각에도 실시간으로 꺾이는 게 확인되고 있습니다. 물론 2023년에 어느 정도 반등하긴 했지만 "이 반등이 지속되지 못한다"고 많은 사람들은 주장하고 있습니다.

우리 앞에 장밋빛 미래만 있을 줄 알았는데, 어느덧 우리는 안갯속에 갇혀버렸습니다. 우리는 이 안갯속을 어떻게 해야 헤쳐나갈 수 있을까요?

여러분이 준비 없이 안갯속에 들어왔다면 앞이 막막할 수 있습니다. 하지만 지금부터 준비해도 늦지 않습니다. 안갯속을 벗어나기 위해서는 다음과 같은 2가지 방법이 있습니다.

첫 번째로, 안개가 걷히기를 기다려야 합니다. 지금의 위기가 진정되기를 기다리면서 시장을 관망하는 방법이죠. 이것은 누구나 할 수 있는 선택입니다. 하지만 아무것도 하지 않고 기다리면 이 시간을 헛되이 소비하는 것입니다. 그렇기 때문에 우리는 안갯속에서 다른 사람보다 빨리 수익을 내려는 마음을 버리고 공부를 해야 합니다. 공부를 해야만 안개가 걷힌 이후 새로운 세상이 우리를 찾아왔을 때, 현명하게 대처할 수 있습니다.

그런데 안개가 걷힌 이후 무조건 맑은 날이 펼쳐질 것이라는 보장은 할 수 없습니다. 갑자기 폭풍우가 쏟아질 수도 있습니다. 그렇다면 또다시 기다리실 건가요? 언제까지 기다릴 수는 없기 때문에 우리는 이 시기에 투자 공부를 꼭 해야만 합니다.

안갯속을 벗어나는 두 번째 방법은, 조금씩 발을 움직여보는 것입니다. 공부를 조금씩 하면서 이를 실전에 적용해보는 것이죠. 우리가 이론으로 배우는 것과 실전 투자는 완전히 다른 이야기입니다. 그래서 많은 주식 관련 서적을 보면 소액이라도 직접 투자를 해보라는 말이 나옵니다. 실제 자산 가격의 움직임은 내가 생각하는 대로 움직이지 않기 때문에 소액이라도 직접 투자해보는 게 중요합니다. 실제로 투자해보면 내가 주식, 부동산, 암호화폐 중에서 어떤 쪽에 조금 더 소질이 있는지도 확인할 수 있습니다.

지금은 무엇 하나 싼 게 없습니다. 그렇기 때문에 함부로 어떤 자산이 무조건 오른다고 전망할 수도 없는 상황이죠. 미국 중앙은행 총재인 파월 연준 의장 역시 앞을 예상하지 못하고 헛발질만 하고 있는 혼돈의 시장입니다.

그렇다고 우리는 가만히 멈출 수 없죠. 두 번째 방법을 선택해서 조금씩 앞으로 나아가야 합니다. 이를 위해 이 책을 선택하신 게 아닐까요? 이제 2장부터 본격적인 투자 이야기를 시작하겠습니다. 이를 통해 우리의 투자 지식을 쌓아보고, 앞으로 어떤 자산이 유망할지 함께 알아보겠습니다.

투자할 때 거시경제에 대한 공부는 필수적이지 않습니다.
하지만 이를 통해 우리는
새로운 투자의 기회를 잡을 수 있습니다.

2장

거시경제를 알면
투자에 도움이 될까?

▲ ▼ ▲

유튜브를 운영하다 보면 "거시경제를 알면 투자에 도움이 될까요?"라는 질문을 자주 받습니다. 저도 2019년 이전에는 '거시경제쯤은 몰라도 투자하는 데 지장이 없다'고 생각했었습니다. 그렇지만 거시경제에 대해 공부하면 할수록 점점 더 오묘하고 신비롭다는 생각이 들었습니다. 제 생각을 미리 말하자면 "거시경제를 몰라도 되지만 알면 투자에 더 도움이 된다"고 답변을 드리겠습니다.

거시경제란 무엇일까요? 사람마다 정의를 다르게 할 수 있겠지만 저는 거시경제란 '경제를 넓은 관점에서 보는 것'이라고 생각합니다. 거시경제를 이해하기 위해서는 먼저 경기 순환 사이클에 대해 알아야 합니다.

경기 순환 사이클이라는 말을 들어보셨나요? 이는 경기가 '회복-호황-후퇴-침체'라는 4단계를 거치면서 이를 계속 반복하는 것을 말합니다. 각 단계별 특징을 구체적으로 설명해드리면서 2장을 시작하겠습니다.

글로벌 경기의 사계절은
어김없이 반복된다

봄이 되면 새싹이 돋고 새 생명이 탄생합니다. 회복기는 이런 봄에 비유될 수 있는데요, 이 시기는 경기 침체를 극복하고 경제가 회복되는 구간입니다. 회복기에는 기업의 이익이 증가하고, 기업재고가 낮은 수치를 유지합니다. 사람들의 소비 역시 활성화되기 때문에 물가역시 조금씩 오르면서 중앙은행은 이때부터 금리 인상 카드를 만지작거리기 시작하지만, 아직은 금리를 올릴 생각조차 하지 못하는 구간입니다.

회복기를 지나 맞이하는 호황기는 경제가 불타오르면서 말 그대로 경기 호황을 맞이한 국면입니다. 경기가 뜨겁게 불타오르기 때문에 호황기는 사계절 중 가장 더운 여름에 비유될 수 있습니다. 기업의 이익은 최고치를 경신하고, 기업의 재고 역시 바닥을 보이기 시작합니다. 그리고 점점 경기 과열을 두려워한 나머지 중앙은행은 금리인상을 시작합니다.

그 뒤 기업의 과잉 생산과 중앙은행의 긴축 정책으로 인해 글로벌경기가 조금씩 꺾이기 시작하는 후퇴기에 직면하게 되는데요, 이 시기에는 기업의 재고가 쌓이면서 기업의 영업이익이 조금씩 줄어들기시작합니다. 중앙은행의 긴축 정책이 효과를 발휘하는 것입니다. 이는 시장에 찬바람이 조금씩 불고 날이 쌀쌀해지는 가을에 비유될 수있습니다. 이때부터 중앙은행은 오히려 금리 인하 카드를 만지작거

럽니다. 날이 추워질 테니 시장에 연료(=금리 인하)를 줄 준비를 하는 것입니다.

마지막으로 겨울처럼 찬바람이 불고 시장이 꽁꽁 얼어붙는 경기 침체기에 직면하게 되는데요, 중앙은행의 과잉 긴축과 함께 기업의 영업이익이 크게 감소하는 침체기에 빠집니다. 경기 침체를 실제로 맞이하면 중앙은행은 깜짝 놀라 기준금리를 다시 내리기 시작합니다. 그리고 '금리 인하'라는 연료를 주입받은 시장은 시간이 흘러 다시 회복기에 접어들게 됩니다.

이런 식으로 글로벌 경기는 회복-호황-후퇴-침체-회복의 지속적인 순환을 보여줍니다. 마치 봄-여름-가을-겨울의 4계절이 반복되는 것과 비슷하죠.

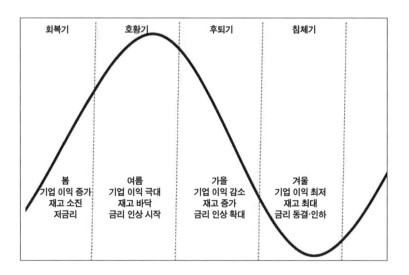

경기 순환 사이클

회복기	호황기	후퇴기	침체기
봄 기업 이익 증가 재고 소진 저금리	여름 기업 이익 극대 재고 바닥 금리 인상 시작	가을 기업 이익 감소 재고 증가 금리 인상 확대	겨울 기업 이익 최저 재고 최대 금리 동결·인하

우리는 어느 계절에
투자해야 할까?

　그렇다면 우리는 어떤 계절에 투자를 해야 큰 수익을 거둘 수 있을까요? 경기가 이제 막 살아나면서 봄바람이 부는 회복기가 좋을까요? 기업의 영업이익이 극대화되는 호황기가 좋을까요? 경기가 위축되면서 중앙은행이 금리 인하 카드를 만지작거리는 후퇴기가 좋을까요? 경기 침체에 직면하면서 중앙은행이 시중에 유동성을 공급해주는 침체기가 좋을까요?

　결론부터 먼저 말씀드리면, 위험자산 측면에서 침체기와 회복기에 투자하는 게 가장 좋습니다. 위험자산의 대표인 주식을 예로 설명 드리겠습니다.

　주식은 일반적으로 실제 경기를 6개월 정도 선반영합니다. 그렇기 때문에 현재 시장이 좋지 않더라도 앞으로 6개월 후에 시장이 좋아질 기미가 보이면 주가는 미리 바닥을 찍고 반등하기 시작합니다.

　그런데 투자자들은 무엇에 근거해 6개월 후에 시장이 좋아질 것이라고 판단을 할까요? 투자자들은 중앙은행의 통화정책을 보고 판단합니다. 만약 중앙은행이 기준금리를 동결하거나 혹은 인하하면 사람들은 경제가 좋아질 것이라고 기대합니다. 만약에 중앙은행이 금리를 내리게 되면 개인 혹은 기업은 낮은 금리로 대출을 받을 수 있고 이로 인해 경제가 활성화될 수 있습니다.

　그리고 일반적으로 금리 인하의 효과는 6개월에서 1년 후에 나타나기 때문에 증시가 시장경제를 6개월 정도 선반영하는 것과 시기가 딱 맞아 떨어지게 됩니다. 그래서 2020년 3월 코로나19로 경제위기를 맞닥뜨렸을 때, 기업의 영업이익이 급감했음에도 불구하고 글로벌 증시가 급등했었던 것입니다. 2020년 코로나19로 경제위기가 터지자 유튜브나 신문에서 주식시장이 이제는 망했다는 소식이 많이 나왔었는데요, 실제로 증시는 이를 무시하고 신고가를 경신하면서 많은 사람들을 당황하게 만들었던 기억이 납니다.

예를 들어 한국 주식시장을 대표하는 코스피지수를 보겠습니다. 코로나19 경제위기가 터지기 이전의 고점은 2020년 1월의 2,277pt였습니다. 그런데 코로나19 경제위기가 터지자 오히려 증시는 (잠깐의 급락 이후) 급등하면서 위기 이전의 고점인 2,277pt를 훌쩍 뛰어넘어버렸고, 결국 2021년 6월에는 코스피의 역사적 신고가인 3,316pt까지 올라갔습니다. 당시 경제위기가 터지면서 한국은행은 금리 인하를 통해 시장에 유동성을 공급해줬고, 이와 함께 기업 실적이 개선

코로나19 전후의 코스피지수

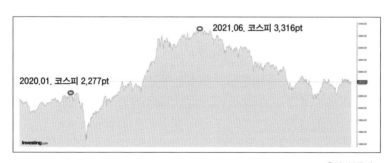

출처: 블룸버그

될 수 있다는 기대감이 불어오면서 증시 상승에 한몫했습니다.

다른 국면을 살펴볼까요? 기업 실적이 증가하고 사람들의 살림살이가 나아지는 호황기와 후퇴기 때에는 오히려 위험자산의 수익률이 좋지 않습니다. 앞서 제가 주식은 시장경제를 6개월 정도 선반영한다는 이야기를 드렸었습니다. 실제로 경제가 좋아지면 사람들은 앞으로 경기 피크를 걱정하면서 주가에 부담으로 작용할 수 있고, 일반적으로 경기 회복과 함께 중앙은행에서 기준금리를 인상하기 때문에 개인과 기업의 입장에서는 조달금리가 증가하면서 투자에 부담으로 작용할 수 있습니다.

극단적인 경우를 설명 드리겠습니다. 기준금리가 올라가면서 은행 예금 금리가 함께 오르게 되면 사람들은 굳이 주식투자를 할 필요가 없습니다. 원금 손실 가능성이 있는 주식투자를 하는 대신에 사람들은 안전하고 높은 수익률이 보장되는 은행예금 상품을 찾을 수 있습니다.

그렇기 때문에 우리는 침체기와 회복기에 적극적인 투자를 하는 것이 필요하고, 현재는 어떤 국면에 놓여 있는지 확인한 것 또한 중요하다고 봅니다. 물론 이러한 투자 사이클을 몰라도 개별 종목 분석에 능한 분들은 충분히 수익을 낼 수 있지만, 상대적으로 분석할 시간이 많이 없는 일반인들은 거시경제 사이클을 파악한 후에 우호적인 분위기 속에서 투자해야만 수익을 극대화할 수 있습니다.

코로나19 이후 시중에 유동성이 많이 풀렸습니다.
그리고 아직까지도 꽤 많은 돈이 돌아다니죠.
그렇기 때문에 우리는 투자를 포기해서는 안 되는 것입니다.

3장

돈은 어딘가에
고이기 마련이다

▲ ▼ ▲

앞서 살펴봤듯이 우리는 침체기
와 회복기에 가장 편하게 투자할 수
있습니다. 그렇다면 다른 시기에는
투자할 수 없을까요, 투자하기가 어
려울까요? 그렇지는 않습니다. 회복
기, 호황기, 후퇴기, 침체기에 유리
한 투자 상품이 각각 존재하고, 수

> **국채:** 정부가 자금조달을 위
> 해 발행하는 만기가 정해진
> 채무증서. 일종의 차용증으로
> 보면 됨. 국채금리가 상승할수
> 록 기존 국채 보유자 입장에
> 서는 상대적으로 손해를 보는
> 것이기 때문에 국채가격은 반
> 대로 하락한다고 이해하면 됨.

익을 낼 수 있는 방법도 충분히 있습니다. 주식(경기 민감주, 성장주), 국
채* 관점에서 이를 살펴보겠습니다.

그리고 요즘은 과거에 비해 경기 순환 주기가 점점 짧아지고 있습
니다. 그렇기 때문에 빠른 대응이 필요하고, 특히 경기 순환 사이클
의 마지막 시기인 침체기에는 더욱 주의 깊게 투자할 필요가 있어 보
입니다. 경기 침체의 논란에 대해서는 뒷장에 좀 더 자세히 설명을
드리겠습니다.

경기 변화에 따른
전통적인 투자 방법

봄으로 표현되는 회복기는 사람들의 소비가 활성화되고, 기업의 이익이 회복되며, 설비투자 역시 증가하는 시기입니다. 그러면서 경제가 타오르기 시작하죠. 이때는 주식이 채권에 비해 훨씬 수익률이 높습니다. 그리고 주식 중에서도 성장주보다 화학·건설·조선·철강 섹터 같은 경기 민감주의 강세가 나타납니다.

회복기에 대해 조금 더 자세히 알아보도록 하죠. 회복기 때에는 경제가 살아나면서 국채금리가 상승합니다. 그리고 보통 국채금리가 상승한다는 것은 국채가격이 하락한다는 말과 동일합니다. 그렇기 때문에 이 시기에는 국채를 보유하고 있으면 손실을 볼 수밖에 없습니다. 그리고 국채금리가 올라가는 구간에서는 기업들의 조달금리 역시 함께 상승하기 때문에 많은 부채가 필요한 성장주 역시 불리한 위치에 놓이게 됩니다.

우리가 모두 알고 있는 테슬라를 예로 들어볼까요? 성장주의 대표 주자인 테슬라는 사업 초창기에 설비투자를 위해 많은 돈이 필요할 것입니다. 보통 이런 성장 기업은 사업 초기에 적자를 보면서 대출로 버티는 것입니다. 그리고 상당수의 바이오 기업 역시 신약개발을 위해 대출을 받아가면서 버티고 있습니다. 그런데 만약 국채금리 상승과 함께 대출금리가 높아지면 대출이 많은 성장 기업들은 어떻게 될까요? 버티기 힘들어지면서 도산하는 기업들이 생길 수 있습니다.

경기 순환 주기에 따른 투자 방법

	경기 민감주	성장주	채권
회복기	○	△	X
호황기	회복기와 후퇴기의 중간		
후퇴기	X	○	○
침체기	후퇴기와 회복기의 중간		

○: 유리, △: 보통, X: 불리

이런 것들을 봤을 때, 회복기 때에는 성장주보다 경기 회복과 함께 이익을 꾸준히 내는 경기 민감주에 투자하는 것이 훨씬 유리합니다. 다만 회복기는 경제 자체가 살아나는 시기이기 때문에 성장주가 상대적으로 불리할 뿐이지, 성장주로도 수익은 충분히 날 수 있는 구간입니다.

이번에는 여름으로 대표되는 호황기를 볼까요? 호황기의 전반부는 회복기와 비슷한 양상을 띠고, 호황기의 후반부는 후퇴기와 비슷하게 흘러갑니다. 마치 여름의 전반부는 봄과 비슷하고, 여름의 후반부는 가을과 비슷한 것과 유사합니다.

그렇다면 가을로 표현되는 후퇴기로 바로 넘어가보겠습니다. 후퇴기는 중앙은행의 금리 인상과 함께 기업의 이익이 감소하고, 재고가 쌓이면서 경기가 점점 꺾이는 시기입니다. 어떻게 보면 회복기와 반대되는 모습이 연출될 수 있습니다. 후퇴기 때에는 경기가 꺾이면서 국채금리가 하락하는 모습이 나옵니다. 국채금리가 하락한다는 것은 국채가격이 오른다는 의미이기 때문에 주식보다는 국채에 투자하는 게 유리한 구간이기도 합니다. 그리고 주식 중에서도 경기와 함께 움직이는 경기 민감주의 수익률이 좋지 않습니다. 하지만 모든 회사들의 주가가 떨어지는 것은 아닙니다. 국채금리기 히락한다는 것은 기업들의 조달금리가 낮아진다는 의미이기 때문에 테슬라 같은 성장기업들에 투자하기엔 좋은 시기이기도 합니다.

마지막으로 겨울로 표현되는 침체기를 살펴보겠습니다. 겨울의 전반부는 가을 날씨와 비슷하고, 겨울의 후반부는 봄 날씨와 비슷하죠. 이와 마찬가지로 침체기의 전반부는 후퇴기의 모습을 보이고, 침체기의 후반부는 회복기의 모습을 띱니다.

경기 침체기에 찾아오는 경제위기

침체기에는 중앙은행의 금리가 최고치에 이르면서 자칫 잘못하면 유동성이 부족해지는 경제위기*가 올 수 있습니다. 경제위기의 사례는 많이 알려져 있으니 여기서는 아주 간단히 설명해드리겠습니다.

> **경제위기:** 일반적으로 중앙은행의 유동성이 부족해지면서 발생되는 위기 상황. 경기가 둔화되는 경기 침체와는 다른 의미로 사용됨.

시간을 20년 전으로 거슬러 올라가보겠습니다. 2000년 초반은 글로벌 경제가 좋았습니다. 그래서 미국 중앙은행인 연준에서 경기 과열을 식히고자 기준금리를 5.25%까지 올리고 이러한 고금리를 1년 이상 유지했습니다. 그러자 높은 대출이자를 견디지 못한 부동산시장에서 유동성 문제가 터지면서 서브프라임 경제위기가 찾아왔습니다. 당시 미국 5대 은행 중 하나인 리먼브라더스가 파산하는 초유의 사태가 발생했었죠.

은행은 사람의 심장과도 같은 곳입니다. 심장이 멈추면 사람의 움직임이 멈추는 것처럼 은행이 파산하면 모든 경제 활동이 중단됩니다. 돈을 빌려주는 곳이 없어지니 기업 활동과 개인 활동이 어려워지는 것입니다. 그때 당시 미국 중앙은행은 서브프라임 경제위기를 금리 인하와 양적완화를 통해 극복했습니다.

이번에는 그 다음에 닥친 경제위기를 살펴볼까요? 2010년대 역시 미국 경제가 좋았습니다. 그래서 미국 중앙은행은 기준금리를 2.5%까지 올리고 이러한 고금리를 수개월 유지하면서 경기 과열을 억제시켰었는데요, 그러다가 후퇴기에 진입하자 중앙은행은 금리를 3번 내리고 여러 가지 경기 부양책을 사용했습니다. 당시에 경제가 좋지 않으니 경기를 부양시키기 위해 중앙은행에서 금리 인하라는 강수를 둔 것입니다.

하지만 결국 코로나19로 인해 우리는 경제위기에 맞닥뜨렸습니다. 경제 체력이 약해진 상태에서 코로나19라는 질병이 찾아오자 위기가 덮친 것입니다. 하지만 이 경제위기 역시 중앙은행의 금리 인하와 양적완화를 통해 극복해버렸습니다.

미국의 기준금리 추이

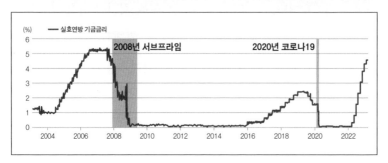

출처: fred.stlouisfed.org

미국의 기준금리 추이를 보면 과도한 금리 인상 끝에는 늘 회색 음영 친 경제위기가 온 것을 알 수 있습니다. 그래서 현재 많은 경제학자들이 미국 연준의 과도한 금리 인상을 걱정하는 것입니다.

지금은 '금리를 계속 올려야 한다'는 사람들과
경기 침체를 주장하면서 '금리 인상 중단'을 외치는 사람들이
팽팽하게 대립 중입니다.
정답을 맞추는 것보다는 대응을 잘 하는 게 중요하겠죠.

4장

경기는 지금
어디쯤 와 있을까?

▲   ▼   ▲

경기 침체는 어떻게 정의할 수 있
을까요? 통상 경기 침체는 전미경
제연구소*에서 공식적으로 선언하
면서 시작됩니다. 전미경제연구소
는 여러 요소를 고려해 경기 침체
여부를 판단하기 때문에 꽤 정확한
편입니다. 하지만 전미경제연구소

> **전미경제연구소:** N B E R
> (National Bureau of Economic
> Research). 미국의 비영리 민
> 간 연구조직으로서 실질개인
> 소득, 비농업 고용지수, 가계
> 고용 설문, 산업 생산, 실질 도
> 소매 판매, 실질 개인 지출을
> 고려해 경기 침체 여부를 판
> 단함.

가 너무 뒤늦게 경기 침체를 선언하면서 흔히 말하는 뒷북을 자주 치
곤 합니다.

예를 들어 2020년 코로나19 경제위기가 닥쳤을 때를 보면 2020년
2~3월쯤 큰 폭의 증시 하락이 왔었는데, 전미경제연구소는 미국 경기
가 2020년 2월에 정점을 찍고 경기 침체에 진입했다고 2020년 6월
8일에 선언했습니다. 2020년 6월이면 폭락했던 증시가 다시 오르고
있었던 시기인데요, 전미경제연구소는 경기 침체가 발생한 4개월 이

후에나 경기 침체를 선언했던 거죠. 이러한 전미경제연구소의 뒤늦은 침체 선언은 투자하는 데 있어서 참고도 되지 못하는 수준입니다.

전미경제연구소 "미 경제, 2월에 경기침체 진입" 공식선언
[2020. 6. 9. 출처: 연합 뉴스]

그래서 우리는 일반적으로 2개 분기 연속으로 GDP의 역성장이 나타나면 이것을 경기 침체로 부릅니다. 미국의 GDP는 2022년 1분기에 -1.6%, 2분기에 -0.6%를 기록하면서 흔히 말하는 경기 침체에 접어들었다고 보면 됩니다.

이미 침체기를 맞이한
미국 경제

현재 상황은 미국 기준으로 침체기에 들어섰다고 볼 수 있습니다. 그리고 피델리티 사이트(institutional.fidelity.com)에 들어가면 주요국의 현재 경제 상황에 대해 잘 정리되어 있으니 참고해볼 수 있습니다. 예를 들어 미국의 경우 2022년 2분기에 경기가 꺾이기 시작했고, 2023년 1분기에는 경기 침체의 초입에 와 있다고 이 사이트에 설명되어 있습니다.

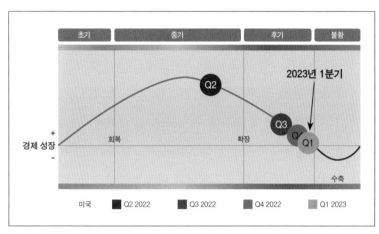

출처: institutional.fidelity.com/

침체기에는 어떤 현상이 발생할까요? 일반적으로 경기 침체 구간에서는 고물가, 고금리의 여파로 기업의 이익은 감소하기 시작하고 이로 인해 실업률이 조금씩 높아집니다. 2022년 말부터 미국 기업들의 정리해고 소식이 하나둘씩 들려왔습니다. 마이크로소프트, 알파벳(구글), 메타, 페이팔 등 대형 기업들이 비용 절감을 위해 적게는 수천 명에서 많게는 수만 명의 일자리를 줄였습니다. 이렇게 정리해고된 규모는 약 18만 명(2023년 2월 말 기준)으로 글로벌 금융위기 직후인 2009년 이래 최대 수준입니다. 전체 해고 인원의 3분의 1 이상은 테크 기업에 집중된 상황입니다.

이러한 경기 침체 구간에서는 미국도 금리 인상을 지속할 수는 없을 것으로 보입니다. 이미 이러한 균열은 곳곳에서 나타나고 있습니다.

금리 인상 사이클은
이제 거의 끝났다

사람이 아프면 보통 약을 먹습니다. 그래도 낫지 않으면 입원을 하고 수술까지 하죠. 그러면서 슬슬 건강을 찾을 수 있는 것입니다. 사람이 아픈 것을 경기 침체라 할 수 있고, 이를 극복하기 위한 여러 치료 행위를 중앙은행의 금리 인하 정책에 비유할 수 있습니다. 기준금리를 내린다는 것은 개인과 기업에게 낮은 이자로 돈을 빌려주면서 이들의 경제 활동을 활성화시키는 목적이 큽니다. 이와 함께 사회 전반적인 경제가 살아나면서 경기 침체를 벗어나는 것입니다.

하지만 반대의 경우를 생각해볼까요? 사람이 너무 활발하게 활동하면 어떻게 될까요? 운동선수가 아무리 건강해도 하루 종일 뛰어다니면 어떻게 될까요? 결국에는 제풀에 지쳐 쓰러질 것입니다. 심하면 큰 병을 얻을 수 있는 것이고요. 사람이 건강한 것은 좋지만 건강 하나만 믿고 과한 운동을 하는 것은 선수 개인에게도 좋지 않습니다. 그렇기 때문에 휴식이 반드시 필요한 것입니다.

사람이 너무 건강해서 활발히 활동하는 것을 경기 호황이라 할 수 있고, 이를 진정시키기 위한 휴식을 중앙은행의 금리 인상 정책에 비유할 수 있습니다. 금리를 올린다는 것은 개인과 기업에게 높은 이자로 돈을 빌려주면서 이들의 경제 활동을 둔화시키는 목적이 큽니다. 이와 함께 사회 전반적인 경제가 위축되면서 경기 과열이 진정되는 것입니다.

미국 경제에 나타난 균열을 조금
더 살펴보겠습니다. 지금은 전 세계
적으로 물가가 매우 높은 인플레이
션* 시대입니다. 마트에 가면 물건
가격이 1년 사이에 꽤 많이 오른 것
을 확인할 수 있습니다. 이러한 고

> **인플레이션:** 화폐 가치가 하락
> 해 물가가 상승하는 현상. 인플
> 레이션이 찾아오면 중앙은행
> 은 금리를 인상하면서 이를 완
> 화시키려 함. 이 과정에서 경제
> 가 전반적으로 흔들리고 서민
> 들의 생활은 더욱 어려워짐.

물가를 억제하기 위해 미국 중앙은행인 연방준비제도(연준)는 기준
금리를 높은 수준으로 올렸습니다. 그리고 이런 고물가와 고금리는

주요국의 소비자물가지수(CPI)

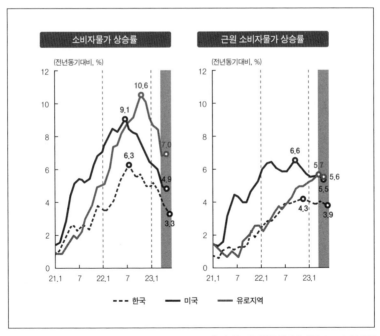

출처: 한국은행 통화신용정책보고서, 통계청

자연스럽게 사람들의 소비 심리를 위축시켰습니다. 2023년은 고물가와 고금리로 인해 내수가 꺾이는 시기입니다. 이와 함께 고금리로 인한 대출금리 상승은 사람들로 하여금 새로운 투자와 신규 소비 활동을 위축시켰습니다. 그렇기 때문에 이러한 고물가, 고금리 분위기는 사회 구성원의 지갑을 더더욱 닫게 만들고 있습니다.

지금의 미국 경제는 결국 꺾일 수밖에 없는 시기이고, 이런 상황에서는 미국도 결국엔 기준금리를 내리면서 적극적으로 경기 침체에 맞서 싸울 수밖에 없습니다. 물론 중앙은행이 어느 정도 기준금리를 내릴 수 있을지에 대해서는 이 책의 뒷부분에서 조금 더 이어 설명을 드리겠습니다.

수면 위로 드러난
금리 인상의 부작용

2022년 3월 미국의 실리콘밸리뱅크(SVB)*가 파산하는 일이 발생했습니다. 이로 인해 미국의 여러 지역 은행들이 줄줄이 파산을 했거나 파산의 위험에 빠져 있는데요, 이것도 금리 인상의 부작용이라 할 수 있습니다.

일반적인 은행은 낮은 금리의 고

> **실리콘밸리뱅크(SVB):** 실리콘 밸리에 있는 스타트업을 주 고객으로 둔 자산 규모 16위였던 은행. 스타트업 고객들의 예금 인출을 막기 위해 급하게 가지고 있는 국채와 MBS를 매각했지만 이와 함께 뱅크런이 발생하면서 파산 처리됨.

객 예금을 받아 높은 금리의 대출 이자를 통해 수익을 창출합니다. 예를 들어 A 고객에게 3% 금리 상품의 예금을 받아서 B 고객에게 4% 금리 상품의 대출을 해줍니다. 이 과정에서 은행은 1% 금리만큼의 차액을 얻습니다. 그런데 은행은 고객의 모든 돈을 활용해 다른 고객에게 대출을 해줄 수는 없습니다. 혹시 A 고객이 예금을 돌려달라는 요청을 했을 때 이를 바로 돌려줄 만큼의 현금은 항상 보유하고 있어야 합니다. 그래서 '지급준비율'이라는 개념이 나옵니다.

지급준비율이란 은행이 고객으로부터 받은 예금 중에서 중앙은행에 의무적으로 적립해야 하는 비율을 말합니다. 일반적으로 은행은 지급준비율을 7% 이상 유지하고 있습니다. 만약에 고객으로부터 총 100억 원의 예금을 받았다면, 이 중 최대 93억 원만 대출을 해줄 수

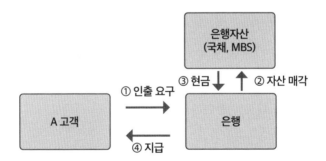

은행의 파산 과정

① 고객의 예금 인출 요구
② 지급준비금 부족으로 보유 중인 자산 매각
③ 은행의 현금 확보
④ 고객의 예금 지급

있다는 것입니다. 남은 7억 원은 혹시나 모를 고객의 인출 요구에 대비해 지급준비금으로 가지고 있어야 합니다.

하지만 2022년부터 시작된 미국의 기준금리 인상은 개인과 기업의 활동을 어렵게 만들었습니다. 그래서 A 고객은 은행에게 맡긴 돈을 인출해 달라는 요구를 했습니다. 수많은 고객들의 쏟아지는 인출 요구에 은행은 견디지 못하고 파산에 이르렀습니다. 흔히 말하는 '뱅크런'입니다.

뱅크런은 사람들의 심리에 의해 좌지우지됩니다. 만약에 어떤 은행이 부실하다는 소문이 나게 되면 이 은행에 예금을 맡긴 고객들이 돈을 인출할 것이고, 여기에서 한 발 더 나아가 고객의 인출 요구에 대해 이 은행이 돈을 바로 지급하지 못한다는 소문이 나면 더 많은 사람들이 돈을 인출할 것입니다. 이것은 결국 은행의 파산으로 이어지게 되는 것입니다.

만약에 당신이 만기가 도래하지 않은 예금을 중도에 인출하러 은행에 간다고 해보죠. 당신은 "네, 고객님 바로 드리겠습니다"라는 은행원의 반응을 기대할 것입니다. 하지만 만약에 같은 상황에서 은행원이 "조금만 기다려주세요. 우리의 자산을 매각하고 난 이후에 돌려드리겠습니다"라고 반응한다면 이 은행에 대한 신뢰도는 급격히 떨어질 수밖에 없을 것입니다.

결국 미국 중앙은행인 연준의 추가 유동성 공급으로 은행의 연쇄적인 파산 사태는 막았지만, 미국에서 시작된 금리 인상이 결국 부메랑처럼 돌아와 미국 경제에 큰 타격을 입혔습니다. 이런 분위기 속에 연준은 기준금리를 과거처럼 빠르게 올리기는 어려울 것으로 보입니다. 경제가 좋지 않은데 기준금리를 올려서 경제를 더더욱 안 좋게 만들 수는 없기 때문이죠.

역대 금리 인하기 때의 자산 가격 흐름

경제가 좋지 않으면 연준은 기준금리를 내릴 수밖에 없습니다. 연준이 금리를 내린다는 것은 당장은 시장에 호재가 아닙니다.

금리를 내린다는 것은 그만큼 경제가 안 좋기 때문에 시장에 주사를 놓는다고 생각하시면 됩니다. 주사 맞고 병원에 입원하는 것이 결코 좋은 것은 아니겠죠? 물론 아픈 곳을 치료할 수 있기 때문에 나중에 퇴원할 때 더 활기차게 활동할 수 있다는 기대감을 품을 수 있습니다. 연준의 금리 인하 역시 마찬가지입니다.

일반적으로 경기 침체가 발생할 때 연준이 기준금리를 인하했음에도 불구하고 금리 인하와 함께 증시는 대체적으로 하락합니다. 그리고 일정 시간이 지난 이후 경제가 회복되면서 증시는 완만한 상승을 보여주곤 합니다.

이번엔 연준의 대표적인 금리 인하 사례 2가지를 살펴보겠습니다. 과거의 경제위기 상황에 대한 자세한 설명은 생략하고, 연준의 금리 인하와 함께 미국 증시가 어떻게 움직였는지를 체크해보겠습니다.

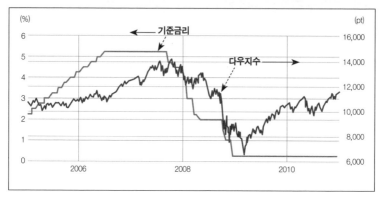

출처: Tradingeconomics.com

첫 번째는 2008년 서브프라임 경제위기입니다. 일반적으로 금융위기라 하면 이 시기의 위기를 일컫습니다. 2007년 서브프라임 모기지 사태로 시작된 위기는 2008년 리먼브라더스라는 대형은행이 파산하면서 절정에 이르렀습니다. 이때 연준은 양적완화와 함께 기준금리를 5.0~5.25%에서 0~0.25%까지 내리면서 시장에 유동성을 주입했는데요, 기준금리를 내리는 과정에서 당시 미국의 다우지수는 14,279pt에서 6,449pt까지 내려가면서 고점 대비 55%의 큰 하락을 기록했습니다. 하지만 그 이후 글로벌 경제가 회복되면서 증시는 완만한 상승을 기록했습니다.

두 번째는 코로나19 경제위기입니다. 2019년에 미중무역전쟁과 함께 시작된 경기 둔화로 이를 극복하기 위해 연준은 보험적으로 기준금리를 세 차례나 내렸습니다. 그리고 그 이후 갑작스럽게 찾아온

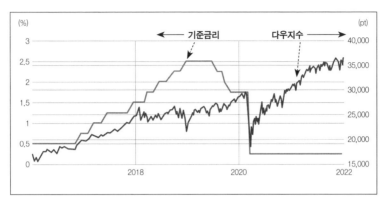

출처: Tradingeconomics.com

코로나19 바이러스 앞에 전 세계 경제는 속수무책으로 무너졌습니다. 이에 어쩔 수 없이 연준은 무제한 양적완화와 함께 기준금리를 0~0.25%까지 내렸습니다. 이때 다우지수는 29,568pt에서 18,213pt까지 내려가면서 고점 대비 38%의 하락을 기록했습니다. 하지만 그 이후 대규모 부양책과 0% 금리의 효과로 인해 경기는 완만한 회복을 보였고, 다우지수는 결국 2022년에 역사적 신고가인 36,952pt를 기록했습니다. 0% 기준금리로 인한 유동성 공급 덕분이라 볼 수 있습니다.

이러한 두 차례의 경제위기 사례에서 알 수 있듯이 금리 인하는 시장에 무조건 호재는 아닙니다. 위기를 극복하기 위해 시행하는 갑작스러운 금리 인하는 시장에 악재로 작용할 수 있습니다.

여기까지 읽었으면 이런 의문이 들 것이라 봅니다. '현재 연준의 금리 인상 사이클이 거의 끝났다고 했는데, 그럼 이번에도 경제위기가 오지 않을까?' '역사는 반복되기 때문에 이번에도 연준이 경제위기를 극복하기 위해 금리를 크게 내리지 않을까?'

하지만 우리는 역사상 유례없는 코로나19 후유증을 겪는 중입니다. 코로나19가 변수로 작용할 수 있을 것으로 보입니다. 그렇기 때문에 코로나19 상황에 대해 조금 더 살펴보는 시간을 갖겠습니다. 그리고 과거 상황과 현재를 비교하면서 지금은 어떤 국면에 위치해 있는지 파악하는 것도 투자에 도움이 될 수 있을 것으로 보입니다.

▲ ▼ ▲

역사는 과거와 현재의 끊임없는 대화라고 합니다. 현재의 인플레이션 위기도 과거와 매우 닮아 있습니다. PART 2에서는 과거의 경제 흐름을 살펴보면서 앞으로 어떻게 시장이 흘러갈지 미루어 짐작해보겠습니다. 이를 통해 의미 있는 투자 아이디어를 도출해볼 수 있을 것입니다.

▼ ▲ ▼

PART 2

우리를
송두리째 흔든
코로나19 경제위기

요즘 좋은 소식이 잘 들려오고 있지 않습니다.
그만큼 경제가 어렵다는 것이겠죠.
경제가 어려웠던 2018~2019년과 현재를 비교해보겠습니다.

1장

지금과 닮아 있는
2018~2019년의 경제 상황

　　　　　▲　　▼　　▲

　　2008년 미국에서 시작된 금융위기는 전 세계로 퍼져 나갔습니다. 유럽과 일본은 위기의 여파로 침몰했고, 아직도 이를 극복하지 못하고 있습니다.

　　그렇지만 당시 미국은 가장 먼저 금융위기를 극복했고, 시간이 흘러 오히려 경기 과열을 우려한 나머지 2015년 12월에는 기준금리를 인상하기에 이르렀습니다. 금융위기를 단순히 극복한 것에 그치지 않고 경제가 너무 호황이기 때문에 이를 억누르기 위해서 '금리 인상'이라는 휴식을 강제로 부여한 것입니다.

　　미국이라는 나라는 엄청난 저력을 지니고 있습니다. 금융위기에 가장 먼저 직면했지만 이를 금방 극복해버린 데서 미국의 힘이 드러납니다. 역시 세계 패권국다운 모습을 보여줬는데요, 그렇지만 지금과 마찬가지로 이때에도 미국 연준의 과도한 금리 인상은 부작용을 만들어냈습니다.

파월 의장이 안겨준
2018년 크리스마스 선물

    2008년에 금융위기를 크게 겪었던 미국이었기에 연준은 2015년 당시 금리 인상에 매우 소극적인 자세를 취했습니다. 2015년 12월에 첫 금리 인상을 단행했고, 1년 후인 2016년 12월에야 25bp 금리 인상을 하는 모습을 보여줬습니다. 2022년엔 한 번에 기준금리를 75bp 올린 데 비하면 2015~2016년 당시 매우 소극적인 금리 인상이 나왔던 것입니다. 그만큼 당시 연준은 금리 인상에 따른 경기 충격을 염려했던 것입니다.

    하지만 이러한 연준의 소극적인 금리 인상이 나왔음에도 불구하고 시장은 앓는 소리를 내기 시작했습니다. 특히 2018년부터 시장의 균열이 조금씩 생기기 시작했는데요, 2018년 9월 미국의 제조업 경기를 나타내는 ISM 제조업 구매관리자 지수*는 61.9%로 피크를 기록하고 지속적으로 하락했습니다. 또한 2018년 10월 나스닥지수는 8,107pt 신고가를 기록한 이후 3개월 동안 무려 23%나 하락했습니다. 미국의 경제 지표가 꺾이고 증시는 크게 하락하면서 그때 당시 기준금리 2.5%에 시장이 부담을 느끼고 있었습니다.

> **ISM 제조업 구매관리자 지수:** 미국 공급관리협회(ISM)가 300개 제조업체들에게 신규주문, 생산, 출하량, 재고, 고용 분야에 대해 설문조사한 결과로써 50% 이상이면 제조업 확장을 의미하고, 50% 이하면 제조업 수축을 의미함.

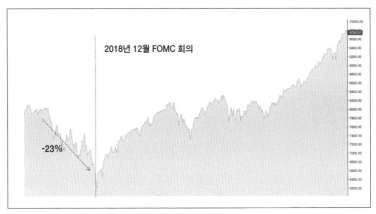

2018년 12월 FOMC 회의

-23%

출처: 블룸버그

그래서 2018년 12월 FOMC* 회의에서 파월 연준 의장은 담담한 표정으로 우리에게 중요한 메시지를 던졌습니다. 파월 의장은 이 자리에서 기준금리를 25bp 인상했지만 "기준금리를 거의 다 올렸다"는 식의 발언을 하면서 사람들에게 안도감을 심어줬습니다.

> **FOMC:** 연준(Fed) 산하에서 통화정책을 결정하는 위원회. 45일마다 FOMC 회의를 통해 기준금리를 결정함.

파월 의장 "중립금리 범위 하단 이미 도달"
[2018.12.20. 출처: 연합인포맥스]

중립금리라는 것은 경제가 무난하게 성장할 수 있는 이론적인 금리 수준으로, 연준은 인플레이션을 잡고 경기 과열을 식히기 위해 중립금리까지 기준금리를 인상하고자 정책을 수립합니다. 물론 이러한 중립금리는 시시각각 변하기 때문에 중립금리가 몇 %라고 구체적으로 콕 집어 말할 수는 없고, 그때그때 다릅니다.

그런데 2018년 12월 그때 당시 파월 연준의장은 "우리가 추정한 중립금리 하단에 이미 도달했다"라는 발언을 하면서 '금리 인상을 할 만큼 했다'라는 인식을 우리에게 심어주었습니다. 또한 상황에 따라 기준금리를 더 이상 올릴 필요가 없다는 발언도 했습니다. 그러자 나스닥지수는 2018년 12월 FOMC 이후 가파르게 폭등하는 모습을 보여줬습니다.

제가 재미없는 과거 이야기를 왜 했을까요? 기준금리를 올릴 만큼 다 올린 지금과 무언가 닮아 있지 않나요? 현재 2023년 경제 상황을 보고 기준금리가 꼭지였던 2018년 12월과 비슷하다는 분들도 있습니다. 어떤 분은 코로나19 경제위기가 오기 직전인 2019년 12월과 비슷하다고 합니다. 저는 2개가 모두 혼재되어 2023년에 나타난다는 생각이 듭니다.

기준금리 측면에서 봤을 때 금리를 더 이상 올리지 못했었던 2018년 12월과 현재는 매우 비슷한 모습을 보여주고 있습니다. 2023년 3월 실리콘밸리뱅크가 파산하면서 미국 은행권에 대한 신뢰도가 급속도로 하락했습니다. 연준에서는 BTFP*를 비롯한 여러 가지 유동성 공급 정책을 사용하면서 은행을 구

> **BTFP:** Bank Term Funding Program. 은행이 보유한 미국 국채를 연준에게 담보로 제공하면 미국 국채의 액면가로 인정해 단기 대출을 해주는 프로그램.

제하는 데 성공했지만 은행 파산이라는 것 자체가 과도하게 높은 기준금리로부터 비롯된 것이기 때문에 연준으로 하여금 기준금리를 추가로 올리는 것을 망설이게 만들었습니다. 실제로 2023년 3월에만 해도 파월 연준의장은 의회 증언을 통해 50bp를 한 번에 인상하는 빅스텝이 필요하다는 말을 했었습니다.

> ## "금리인상 속도 높일 준비"… 돌변한 파월, 빅스텝 신호 보냈다
> [2023.3.8. 출처: 매일경제]

그렇지만 2023년 3월 FOMC 회의에서는 기준금리를 25bp밖에 올리지 못했습니다. 실리콘밸리뱅크 파산에서 비롯한 은행의 부도 사태를 연준이 우려했기 때문입니다. 일반적으로 기준금리를 올리면 은행 입장에서는 파산 가능성이 높아집니다. 그래서 3월 FOMC 회의에서는 파월 연준 의장의 기존 관점보다 기준금리를 덜 올렸다고 보시면 됩니다.

미국의 기준금리는 2018년 12월처럼 피크를 친 것은 거의 맞아 보입니다. '거의'라는 표현을 쓴 것은 아직 미국 고용 시장이 강하기 때문에 소폭의 추가 금리 인상 가능성을 열어둔 것입니다.

어쨌든 2018년 12월과 2023년의 금리 상황은 비슷합니다. 그렇지만 2023년의 주가는 2018년 12월 이후의 주가와 왜 달리 움직일까요? 왜 과거처럼 주가는 급등하지 못할까요?

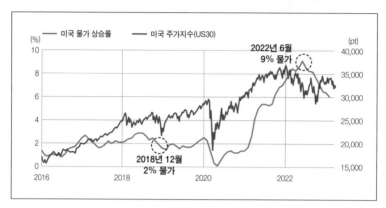

미국 물가 상승률과 미국 주가지수 비교

출처: Tradingeconomics.com

그 이유는 과거에 비해 현재의 물가가 너무 높기 때문입니다. 과거에는 2% 미만의 저물가 상황이었기 때문에 연준 입장에서 유동성을 쉽게 공급해줄 수 있는 환경이 조성되어 있었습니다. 여차하면 연준은 금리를 인하하면서 혹은 다른 도구를 사용하면서 시장에 유동성을 공급했었습니다. 이런 기대감이 팽배해진 상황 속에 증시가 비교적 쉽게 상승했던 것입니다. 하지만 현재는 과거와 달리 매우 높은 물가에 직면해 있습니다.

이러한 고물가를 잡기 위해서는 높은 기준금리를 유지하는 것이 필수적입니다. 그렇기에 현재 연준은 조금 더 긴축적인 정책을 쓸 수밖에 없는 것이고, 이러한 환경이 우리의 투자를 더욱 어렵게 만드는 것입니다.

그렇다면 이번에는 2019년과 현재를 비교해보겠습니다.

2019년 경제위기의 서막, 기준금리를 인하한 연준

2018년 12월을 끝으로 연준은 더 이상 기준금리를 올리지 못했습니다. 오히려 2019년에는 기준금리를 세 차례나 인하했습니다. 파월 의장은 FOMC 회의 때마다 금리 인하는 보험적 측면에 따른 조치(insurance cut)라고 언급했고, 본격적인 금리 인하 사이클에 진입하지 않았다는 점을 강조했습니다.

> **파월 연준 의장 "금리 인하 보험적… 장기 추세 아냐"**
> [2019.8.1. 출처: 뉴시스]

일반적으로 연준은 기준금리를 쉽게 내릴 수 없습니다. 왜냐하면 금리를 내린다는 것은 연준 스스로 그만큼 경제가 어렵다는 것을 인정하는 꼴이기 때문입니다. 그래서 파월 의장은 기준금리를 내렸지만 일시적으로 내렸다는 것을 사람들에게 강조한 것입니다. '경제가 힘들어서 기준금리를 내리지만 본격적으로 경기 하강 사이클을 맞이한 것은 아니야' '잠깐만 기준금리를 내려주는 거야'라는 의도를 가지고 파월 의장은 기준금리를 내렸습니다.

그렇지만 결국 2020년 3월에 코로나19 경제위기를 맞닥뜨리면서 연준은 기준금리를 0%까지 내리고 말았습니다. 그렇기 때문에 현재 많은 사람들은 연준이 기준금리를 앞으로 0%까지 내릴 것이라고 기대하는 것입니다. '2019년에도 그랬어. 금리를 일시적으로 내린다고 했는데, 결국에는 0%까지 내렸잖아. 2023년에도 그럴 거야'라는 생각을 하는 것입니다. 그런데 앞으로 코로나19 때처럼 기준금리가 0%까지 내려가는 일은 거의 오지 않을 것으로 보입니다.

금리 외에 과거와 현재 사이에 닮은 점을 찾아보면 그것은 바로 경기 침체 문제에 있습니다. 2019년은 미중무역전쟁이 절정에 이르렀었던 시기입니다. 그래서 미국과 중국은 서로 상대방의 수출품에 대해 보복 관세를 매기면서 양국의 경제는 모두 가라앉기 시작했습니다. 미국 제품의 대중 수출이 감소하면서 미국 제조업 경기를 나타내는 ISM 제조업 구매관리자 지수는 점점 하락하기 시작했고, 급기야 50% 이하로 떨어지면서 제조업 위축을 나타냈습니다.

ISM 제조업 구매관리자 지수

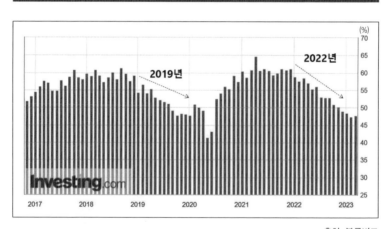

출처: 블룸버그

2019년의 이러한 경기 침체 모습은 지금과 비슷합니다. 2018년에 ISM 제조업 지수가 피크를 친 이후 그 다음 해에 지속적으로 하락하는 모습을 보여줬고요, 2021년에도 ISM 제조업 지수가 피크를 친 이후 그 다음 해에 지속적으로 하락하는 모습을 보여줬습니다. 오히려 제조업 지수의 하락속도를 보면 2019년보다 지금이 더 빠릅니다. 현재의 경기 침체 상황이 과거의 침체보다 매우 심각하다는 것을 알 수 있습니다.

2019년 당시에는 미중무역전쟁으로 인한 경제위기가 오지는 않았습니다. 2019년의 미중무역전쟁은 맛보기에 불과했고, 2019년 11월 중국에서 코로나19라는 새로운 바이러스가 창궐하면서 우리의 모든 것을 빼앗아가버렸습니다.

2020년 세계 중앙은행은 역대급으로 시중에 돈을 풀었습니다.
그들은 지금 나타날 인플레이션이라는 부작용을 몰랐을까요?
알았어도 당장의 위기를 모면하기 위해서 돈을 풀었을 겁니다.

2장

서로 앞다투어 돈을 푼
세계의 중앙은행들

▲　▼　▲

2019년은 경제의 기초 체력이 매우 약해져 있는 상황이었습니다. 미중무역전쟁과 함께 글로벌 경제가 침체 국면에 접어든 상황이었고, 산유국들이 모여 만든 OPEC+*

> **OPEC+:** 석유 수출국 기구로서 1960년 중동의 산유국들이 만든 국제기구. 정기적인 회의를 통해 원유의 증산 및 감산을 결정해 국제유가를 조절하는 역할을 함.

내부의 갈등도 심각했었죠. 경제도 좋지 않은 상황인데 국제 공조마저 이루어지지 않은 상황에서 2020년 코로나19라는 바이러스가 찾아오자 세계 경제가 쉽게 무너진 것입니다.

그런데 이때의 분위기와 2023년의 상황 역시 크게 다를 바 없어 보입니다. 여전히 경제의 기초 체력은 약해져 있는 상황이고, 미중무역전쟁은 실시간으로 진행 중입니다. 또한 산유국들이 모여 만든 OPEC+는 미국과 날선 대립을 하고 있습니다. 그렇기 때문에 과거의 상황을 이해한다면 현재의 경제 상황을 이해하는 데 좀 더 도움이 될 것으로 보입니다.

자국 이기주의인 보호무역,
탈세계화의 시작

2019~2020년과 현재 상황은 어떻게 보면 비슷하기도 합니다. 정확히 말씀드리면 현재 상황이 더 좋지 않습니다. 코로나19 이전에는 물리적인 전쟁까지는 하지 않았지만 지금은 러시아가 이미 전쟁을 일으켰잖아요? 물가 상승률도 현재 훨씬 높은 상황입니다. 그렇다면 코로나19 이전의 상황은 어떠했는지 잠깐만 살펴보겠습니다.

2018년부터 미국의 트럼프 대통령과 중국의 시진핑 주석은 서로의 제품에 대해 보복 관세를 부과하면서 무역전쟁을 했는데요, 예를 들어 미국이 중국의 수출품에 대해 관세를 부과하면 중국도 이에 맞서 미국의 수출품에 대해 관세를 부과했습니다. 그때 당시 미국과 중국은 서로를 향해 관세를 매기는 것을 넘어 제3국에게도 보복 관세를 매겼습니다.

그래서 2019년의 세계 경제와 관련된 키워드는 '보호무역'이었습니다. 강대국인 미국과 중국이 보호무역을 추구하니 다른 나라들도 보호무역을 추구할 수밖에 없었습니다. 미중무역전쟁으로 시작된 세계 각국의 자국 보호주의 움직임은 한국의 수출에 압박을 주고 있었습니다.

2019년 10월, 한국은행 이주열 총재는 어느 기자간담회에서 미중무역전쟁의 영향으로 올해 우리나라 성장률이 0.4%가량 하락했다면서 한국은 미국과 중국에 대한 수출 비중이 워낙 크다 보니 영향을

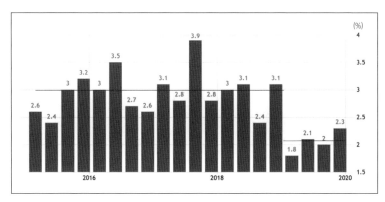

출처: Tradingeconomics.com

안 받을 수 없다는 이야기를 하기도 했습니다. 실제로 한국의 전년대비 GDP 성장률을 보면 2018년까지는 3% 성장을 보이고 있었는데요, 2019년부터 성장률이 2% 초반으로 뚝 떨어져버렸습니다. 전 세계의 보호무역으로 인해 한국의 수출이 감소하니 자연스럽게 나타난 현상이었습니다.

보호무역은 자국 이기주의라고 볼 수도 있습니다. 자기만 살겠다고 남을 신경 쓰지 않는 정책이죠. 자국 이기주의는 글로벌 경기 침체를 가속화시켰고, 이러한 이기주의는 산유국에도 나타났습니다.

산유국들은 국제 석유 자본에 대한 발언권을 강화하기 위해 OPEC+를 결성했습니다. 산유국은 OPEC+라는 협의체를 통해 국제유가가 떨어질 것 같으면 감산을 통해 공급을 줄이면서 국제유가를 다시 상승시켰고, 국제유가가 과도하게 오를 것 같으면 증산을 통해 공급을 늘리면서 국제유가를 다시 하락시켰습니다. 산유국들이 각자 다른 생각을 품고 OPEC+라는 협의체를 만들었지만, '글로벌 경기 안정'이라는 구호 아래에 한마음 한뜻으로 국제유가를 안정적으로 유지해왔었던 것입니다.

2020년은 경제 상황이 매우 좋지 않았습니다. 미중무역전쟁으로 세계 경기는 침체 국면에 접어들었고, 코로나19가 창궐하면서 원유 수요가 급감해 국제유가가 하락하던 때였습니다. 이렇게 되면 산유국들은 당연히 OPEC+회의에서 감산을 통해 원유 공급을 줄이면서 국제유가를 상승시키려는 노력을 해야 하지 않을까요?

감산, 즉 원유의 생산량을 줄이면 당장 산유국들이 원유 수출로 인해 벌어들이는 수익이 줄어드는 문제가 발생합니다. 그렇기 때문에 산유국 입장에서는 감산 정책을 선호하지 않을 수 있습니다. 그렇지만 보다 먼 미래를 보고 원유 감산을 하는 것이죠.

"코로나에 감산실패, 역(逆)오일쇼크"… 막오른 '유가전쟁'
[2020.3.10. 출처: 머니투데이]

2020년 3월 6일, 아슬아슬한 분위기 속에 OPEC+회의가 열렸습니다. 이 자리에서 러시아의 반대로 산유국들은 감산에 실패했습니다. 감산이 원유 가격을 올려 상대적으로 채굴 단가가 높은 미국 셰일가스의 시장 진입을 돕는다는 이유였습니다. 쉽게 말하면 러시아는 미국이 마음에 들지 않는데 감산을 통해 미국만 좋은 일은 시켜줄 수 없다는 의도였겠죠.

그러자 원유 가격 안정을 위해 감산을 주장했었던 사우디는 매우 화가 났습니다. OPEC+회의 다음날인 7일에 사우디는 증산을 발표했고, 이에 원유공식판매가격(SOP)을 20년 만에 가장 큰 폭으로 인하했습니다. 그러면서 국제유가는 폭락하기 시작했고, 사람마다 논란의 여지는 있지만 저는 개인적으로 이 사건이 코로나19 경제위기의 도화선을 당겼다고 봅니다.

기축통화국의
화폐 살포

일반적으로 경제위기는 은행 시스템이 무너지면서 시중에 돈이 유통되지 못하는 현상입니다. 쉽게 말하면 내가 은행을 방문해 예치해둔 내 예금을 돌려달라고 요청했는데 은행에서 돈이 없다고 하는 상황입니다. 이러한 현상이 이어지면 결국 국가 붕괴로 이어지게 됩니다.

그렇기 때문에 엄밀히 말하면 코로나19 사태는 경제위기는 아니었습니다. 이미 2008년 금융위기로 큰 아픔을 겪었기 때문에 여러 은행들이 자본을 튼튼하게 갖추고 있었거든요. 한국도 마찬가지고요. 2020년은 은행 측면에서는 굳건했지만 코로나19라는 보건 이슈가 터지면서 시장을 무너뜨렸다고 보면 됩니다.

도대체 코로나19가 어떤 녀석이 길래 이렇게 큰 이슈가 되었을까요? 이제는 우리에게 너무나 익숙한 바이러스이기 때문에 아주 간단히만 살펴보겠습니다.

감염재생산지수: 감염자가 없는 인구 집단에 처음으로 감염자가 발생했을 때, 첫 감염자가 평균적으로 감염시킬 수 있는 2차 감염자의 수.

코로나19는 전염성이 높은 질병으로 감염재생산지수*가 2~5명에 이릅니다. 한 명의 확진자가 최대 5명까지 감염시킬 수 있다는 의미인데요, 당시 코로나19의 공포는 어마어마했습니다. 코로나19 초기엔 백신과 치료약이 없었고 대응 방법도 전무했기에 수많은 확진자와 사망자를 낳았습니다. 그래서 서구권에서는 '락다운(Lockdown)'을 전면 시행했고, 학교와 공장을 폐쇄하면서 사회적 거리두기에 나섰습니다. 일자리가 사라지니 사람들은 일자리를 잃었고, 당시 3%대를

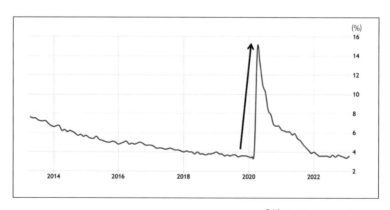

코로나19 직후, 14.7%까지 상승한 미국의 실업률

출처: Tradingeconomics.com

유지하고 있던 미국 실업률은 14.7%까지 치솟았습니다.

사람들이 직장을 잃으니 가계 소비가 지속될 수 없겠죠. 미국 GDP 의 70%를 차지하는 내수가 위축되면서 미국을 비롯한 전 세계 경제 는 주저앉아버렸습니다. 2018년과 2019년은 미중무역전쟁, OPEC+ 회원국 간의 갈등, 보호무역주의 같은 여러 악재의 여파로 세계 경제 가 겨우겨우 버티고 있었는데요, 코로나19가 이러한 약한 고리들을 다 끊어내면서 강제적인 경기 침체 상황을 만들어버렸습니다. 코로 나19의 여파는 생각보다 강력했습니다.

기본적으로 경제가 돌아가기 위해서는 소비가 이어져야 하는데, 당시 코로나19의 높은 전염성으로 일을 할 수 없기 때문에 소비를 지 속할 수 없는 상황이었습니다. 그래서 세계의 중앙은행들은 돈으로 이를 해결하고자 했습니다. 미국의 상황을 체크해보겠습니다.

코로나19로 인해 사람들이 직장을 잃고 소비를 하지 않으니 각 가 정에 보조금을 지원하면서 강제적으로 내수를 부양시켰습니다. 그리 고 불안한 경제 상황으로 기업과 개인들이 투자를 하지 않으니 기준 금리를 낮추고 양적완화*를 시행하 면서 돈의 값을 낮춰줬습니다. 돈의 가치를 낮춰줄 테니 이 돈을 가져다 가 좀 쓰라는 의도였겠죠.

양적완화라는 것은 중앙은행이 돈을 찍어내어 시중에 돌아다니는 국채와 모기지증권 같은 자산을 매

양적완화: 중앙은행이 돈을 찍 어내 시중 은행이 보유하고 있 는 국채와 모기지증권을 매수 하면서 직접 유동성을 공급하 는 정책. 시중 은행은 중앙은 행으로부터 공급받은 현금을 개인과 기업에게 대출해주면 서 경기를 부양시키는 효과가 있음.

수하는 것입니다. 그렇기 때문에 양적완화를 하면 할수록 중앙은행의 자산은 점점 증가합니다. 쉽게 말하자면 중앙은행의 자산은 곧 돈을 찍어낸 규모라고 보시면 됩니다.

세계 4대 중앙은행인 미국, 일본, 유럽, 영국의 자산 규모를 확인해 보겠습니다. 코로나19 이후, 전 세계적으로 중앙은행의 자산 증가 속도가 급격히 빨라졌습니다. 그만큼 돈을 많이 찍어내어 시중에 유동성을 공급했다는 것인데요, 미국의 중앙은행인 연준은 코로나19 이후 총 자산이 5조 달러나 증가했습니다. 정확하지는 않겠지만 시중에 유동성을 약 6천조 원 공급했다고 보면 됩니다.

세계 중앙은행들의 유동성 공급 규모

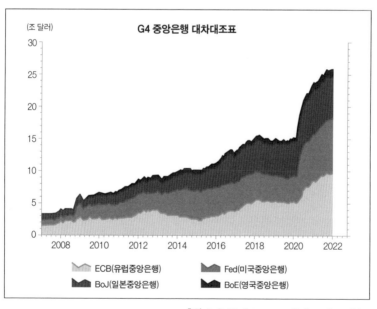

출처: Refinitiv Datastream/Fathom Consulting

또한 코로나19를 극복하기 위해 정부는 각 가정에 돈을 직접 공급해주었습니다. 미국 정부는 2020년 세 차례에 걸쳐 총 4조 달러의 지원금을 각 가정에 지급했습니다. 코로나19로 수입이 끊긴 가정을 지원함으로써 내수를 부양시키고자 하는 의도였습니다. 이는 당시에는 큰 도움이 되었지만, 추후에 우리가 겪고 있는 인플레이션을 지속시키는 요소로 작용했습니다.

한국판 양적완화는 선진국들에 비해선 미미한 수준

한국도 코로나19를 피해갈 수 없었습니다. 코로나19로 인해 개인과 기업들의 사회 활동이 위축되고, 사회적 거리두기가 전면 시행되면서 내수가 위축되기 시작했습니다. 그래서 한국은행도 다른 세계의 중앙은행처럼 시중에 유동성을 공급해주는 정책을 사용했는데요, 기준금리를 내리고 양적완화를 통해 국채를 매입하면서 시중에 유동성을 공급했습니다.

여기에서 '한국은행이 양적완화를 했냐, 안 했냐'에 대한 논란이 있는데요, 개인적으로는 양적완화를 했지만 안 한 척 넘어갔다고 결론을 내리겠습니다. 원래 한국 같은 금융 신흥국은 돈을 찍어내면 화폐 가치가 떨어지면서 자금 유출이 발생할 수 있습니다. 그래서 함부로 돈을 찍을 수가 없죠. 그런데 옆집에서 돈을 더 많이 찍어내는 것을 본다면 이런 상황에 편승해 필요한 만큼 살짝만 찍어내도 괜찮지 않을까요?

코로나19 위기 때 미국 연준은 약 6천조 원의 돈을 시중에 풀었습니다. 유럽중앙은행은 이것보다 더 많은 돈을 풀었습니다. 전 세계적으로 화폐가 살포되었던 시기였습니다. 그렇기 때문에 한국은행은 여기에 살짝 발을 얹어 수십조 원의 국고채 매입을 단행했습니다. 어떻게 보면 한국도 양적완화를 했다고 볼 수 있지만 그 규모가 다른 선진국에 비해 미미했기 때문에 의미 있는 규모의 돈을 풀었다고 볼 수 없는 상황입니다.

한은, 2조원 국고채 단순 매입... "채권시장 안정"
[2021.3.10. 출처: 브릿지경제]

한국의 양적완화 규모를 체크하기 위해선 한국은행의 자산을 살펴봐야 합니다. 이는 '한국은행 경제통계시스템'에 들어가면 쉽게 찾을 수가 있습니다.

한국은행의 자산을 보면 자산합계와 국내자산으로 나눠져 있습니다. 자산합계에는 외환보유고가 포함되어 있기 때문에 이것을 보면 안 되고, 국고채 매입 규모를 간접적으로 확인하기 위해서는 국내자산을 확인해야 합니다. 한국은행의 국내자산은 평소 대비 늘었지만 코로나19 위기 이후 수십조 원밖에 증가되지 않았습니다. 다른 나라 중앙은행의 자산 대비 매우 적은 수준입니다.

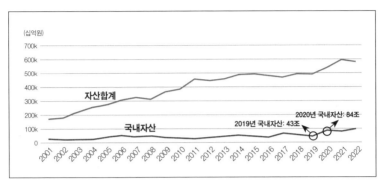

출처: 한국은행 경제 통계 시스템

　　그렇지만 평소에 하지 않았던 국고채 매입을 시행했기 때문에 시중의 유동성은 증가되었고, 이는 곧 광의통화인 M2를 증가시키면서 주식 가격과 부동산 가격 상승에 일조했습니다. 그러면서 2021년 말 기준으로 한국의 M2 통화량은 400조 원에 이르렀습니다.

한국의 M2 통화량

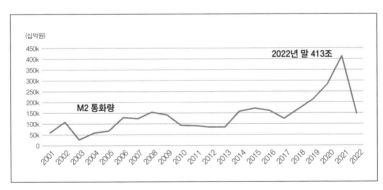

출처: 한국은행 경제 통계 시스템

✖　✖　✖

코로나19 이후 우리의 삶은 완전히 달라졌습니다.
그만큼 코로나19라는 크나큰 사건은
우리의 생활과 투자 분위기를 모두 바꿔놓았습니다.

✖　✖　✖

3장

코로나19가 불러온
3고(고물가·고금리·고환율) 현상

▲ ▼ ▲

'공짜 점심은 없다'라는 말이 있습니다. 코로나19 경제위기 때 세계 중앙은행은 돈을 풀어서 위기를 극복했지만, 시중에 풀린 유동성은 물가 상승에 기여하면서 전 세계는 유례없는 인플레이션을 경험했습니다. 그리고 우리는 40년 만의 인플레이션 시대에 살고 있습니다.

꺾일 줄 알았던 인플레이션은 좀처럼 진정되고 있지 않습니다. 그러면서 세계 중앙은행들은 이미 금리를 과도하게 올렸음에도 불구하고 다시 금리를 내릴 시도를 하지 않습니다.

높은 금리는 우리의 생활뿐만 아니라 우리의 전반적인 경제 상황을 힘들게 하고 있습니다. 지금은 어느 하나가 무너지기 전까지 세계 중앙은행은 높은 기준 금리를 유지할 가능성이 매우 높습니다. 그만큼 물가가 여전히 높다는 것이고, 고물가를 잡을 수 있는 유일한 도구는 금리 인상이 거의 유일하기 때문입니다.

코로나19 경제위기 이후 그레이트 인플레이션 위기

이렇게 위기라는 단어가 난무했던 시기가 있었나 하는 생각이 듭니다. 2020년에는 '코로나19 경제위기'라는 키워드가 뉴스를 도배했고, 2022년에는 '인플레이션 위기'라는 키워드가 뉴스를 도배했으며, 2023년에는 '은행 파산으로 인한 위기'라는 키워드가 또다시 우리를 자극하고 있습니다.

아이러니하게 들릴 수도 있겠지만 전 세계는 코로나19라는 심각한 보건 이슈를 돈을 엄청나게 풀어서 이겨냈습니다. 정확히 설명하면 코로나19 백신과 치료제가 나올 때까지 버티기 위해 돈을 풀었습니다.

결과적으로 이 전략은 성공했습니다. 전 세계 인구의 절반 이상이 코로나19에 감염되었고 세계 각지의 생산 공장이 멈췄다 섰다를 반복했지만, 그 기간 동안 각국 정부가 푼 보조금의 힘으로 경제는 버틸 수 있었습니다. 하지만 돈이 많이 풀리면 부작용이 있는 법이죠.

많은 사람들은 이렇게 말합니다. "달러는 기축통화이기 때문에 연준이 아무리 달러를 찍어도 물가가 오르지 않아." "신흥국 화폐나 찍어내면 물가가 오르지 달러는 달라."

실제로 대표적인 신흥국 중 하나인 튀르키예는 기준금리를 지속적으로 내리고 돈을 찍어내면서 물가가 걷잡을 수 없이 올라버렸습

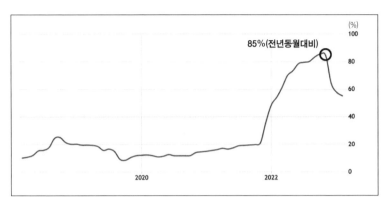

85%(전년동월대비)

출처: Tradingeconomics.com

니다. 2022년 11월 전년동월대비 기준으로 튀르키예의 소비자물가지수는 85%나 상승했습니다. 한국의 소비자물가지수 상승률이 전년동월대비 5% 정도만 올라도 다들 고물가라고 난리가 아니죠? 그런데 튀르키예가 85%라는 수치로 올랐다니, 그 정도를 상상하기가 어렵네요. 그렇기 때문에 신흥국은 유동성을 공급할 때 매우 신중을 기해야 합니다.

하지만 기축통화국인 미국은 스스로 '우리는 다르다'는 생각을 한 것 같습니다. 실제로 또 다른 기축통화국인 유럽은 2011년 유럽의 재정위기 이후 지속적인 양적완화를 통해 시중에 유동성을 공급하고 있었습니다. 그런데 신기하게도 그때부터 10년 이상 돈을 뿌렸음에도 불구하고 물가가 오르지 않았거든요. 돈을 찍어내면 화폐 가치가 떨어지면서 물가가 올라야 하는 게 맞지만 오히려 물가가 하락하는 기이한 현상이 나타났던 것입니다. 그래서 이를 보고 미국의 파월 연준 의장도 방심한 것 같습니다. 유럽에서 10년 이상 돈을 풀었는데 물가가 오르지 않은 것을 확인하자, 안심하고 미국 연준도 위기를 극복하기 위해 시중에 유동성을 그야말로 역대급으로 엄청나게 공급했던 것입니다.

코로나19 이전에는 유럽과 일본 같은 몇몇 기축통화국만 돈을 지속적으로 풀었는데요, 코로나19 이후에는 세계 제1의 기축통화국인 미국에서 달러를 편하게 찍어내니 다른 신흥국들도 안심하고 돈을 따라서 찍어냈습니다. 이런 식으로 다수의 국가에서 화폐를 대량으로 공급하자 전 세계적인 물가 상승이 나와버렸던 것입니다.

추가적으로 전쟁이라는 변수도 일어났습니다. 러시아-우크라이나 전쟁이 발발하면서 광물과 곡물의 공급 부족 현상이 나타났고, 이로 인해 광물과 곡물의 가격이 급등하는 문제도 터졌습니다.

예를 들어보겠습니다. 우크라이나는 세계 3대 곡창지대 중 하나로 꼽힙니다. 그런데 러시아와의 전쟁으로 우크라이나는 곡물 수출이 어려워졌습니다. 이러한 것은 자연스럽게 전 세계적인 곡물 공급 부족과 곡물 가격 상승으로 이어졌습니다. 이는 곧 우리가 소비하는 식자재 가격 상승을 유발하면서 전반적인 소비자물가를 상승시켜 버렸습니다.

옥수수 선물 가격, 9년 만에 최고치 경신
[2022.4.19. 출처: 연합인포맥스]

미국의 물가는 주로 소비자물가지수(CPI)를 통해 확인할 수 있는데요, 연준의 유동성 공급과 러시아-우크라이나 전쟁이 복합적으로 작용하면서 전년동월대비 소비자물가지수가 9.1%까지 치솟았습니다. 1980년대 이후 사상최고치의 물가 상승을 기록해버렸습니다.

우리는 1980년대를 마지막으로 고물가를 경험해본 적이 없습니다. 특히 2008년 양적완화에도 불구하고 물가가 많이 오르지 않았습니다. 2008년 금융위기 이후 10년 이상 디플레이션* 시대에 살고 있었는데요, 이번에 여러 요인으로 40년 만의 인플레이션을 만나면서 다들

디플레이션: 상품과 서비스 가격이 지속적으로 하락하는 현상. 코로나19 이전을 '디플레이션 시대'라 부르기도 함.

당황하고 있습니다. 정책을 결정하는 고위 관계자분들도 투자를 하는 우리도 이러한 고물가는 매우 낯선 상황입니다. 그런데 이러한 고물가는 우리에게 무슨 문제를 발생시킬까요?

미국의 소비자물가지수(CPI)

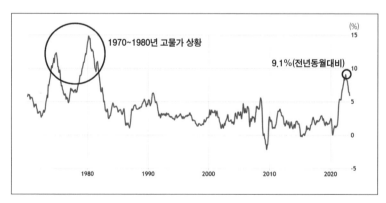

출처: Tradingeconomics.com

인플레이션을 꺾을 수 있는
유일한 도구는 '금리 인상'

물가가 높다는 것은 경제에 매우 좋지 않습니다. 물건값이 비싸면 사람들은 물건을 사지 않습니다. 이는 곧 내수를 위축시키고, 기업들은 공장 가동률을 낮추게 됩니다. 그리고 자연스럽게 직원 해고로 이어지고, 구매력이 줄어든 개인은 더더욱 물건을 사지 않습니다. 더구나 경제 성장이 동반된 고물가 상황은 재화 가격뿐만 아니라 자산 가격 역시 높일 수 있기 때문에 빈부 격차를 더욱 확대시킬 수 있습니다.

그렇기 때문에 중앙은행은 고물가 상황을 좋아하지 않습니다. 물론 반대로 저물가 역시 좋아하지 않죠. 전 세계 중앙은행은 적당한 물가를 가장 선호하고, 구체적으로 전년대비 2% 물가 상승률을 가장 이상적인 물가로 잡고서 통화정책을 수립합니다. 하지만 코로나19 때 풀린 막대한 유동성과 공급망 병목 현상으로 인해 물가는 걷잡을 수 없이 올랐고, 이를 제어하기 위해 각국의 중앙은행은 기준금리를 인상하기 시작했습니다.

한국은행은 선제적으로 2021년 8월부터 기준금리를 올리기 시작했고, 미국 연준은 2022년 3월부터 기준금리를 올리기 시작했습니다. 한국보다 미국이 더 늦게 금리를 올리기 시작했는데, 그래서 당시 미국의 폭발적인 물가 상승에 비해 연준의 금리 인상이 늦었다는 평을 받고 있습니다. 다급해진 파월 의장은 75bp씩 네 차례나 연속

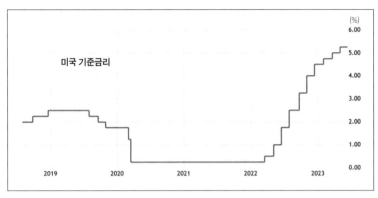

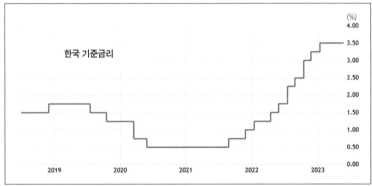

출처: Tradingeconomics.com

으로 기준금리를 올리는 자이언트 스텝*을 밟았습니다.

연준은 여러 가지 방법을 통해 고물가를 잡을 수 있지만 가장 효과가 좋은 것은 바로 기준금리 인상입니다. 기준금리가 오른다는 것은 돈의

자이언트 스텝: FOMC 회의를 통해 기준금리를 한 번에 25bp 올리는 것이 일반적이지만, 한 번에 50bp 올리는 것을 빅스텝이라고 하고, 한 번에 75bp 올리는 것을 자이언트 스텝이라고 함.

값어치가 오른다는 의미입니다. 기준금리가 오르면 사람들은 가진 돈을 소비하지 않고 은행에 저축을 하게 됩니다. 즉 시중의 유동성을 은행에 가두는 효과가 있습니다. 이는 자연스럽게 내수 위축 및 물가 하락으로 이어질 수 있습니다. 또한 돈이 값어치가 오른다는 말은 대출금리도 오른다는 의미입니다. 금리 인상으로 인해 사람들은 대출을 받아서 투자를 하지 않기 때문에 자산 가격 역시 떨어질 수 있습니다. 자산 가격이 떨어지면 사람들의 소비 여력 역시 감소할 수밖에 없겠죠?

결국 연준은 금리 인상을 통해 물가를 잡으려고 노력했고, 어느 정도 물가는 잡을 수 있었습니다. 하지만 연준은 1년이라는 짧은 기간에 기준금리를 과하게 올렸는데요, 40년 만의 인플레이션을 잡기 위해 딱 1년 만에 기준금리를 475bp나 올렸습니다. 이는 제가 투자를 시작한 이후 처음 겪은 일입니다. 아마 대부분의 사람들도 처음 겪는 일일 것이라고 봅니다.

✖　✖　✖

모든 나라는 자기 나라의 이익을 위해 움직입니다.
2018년 미중무역전쟁도 이렇게 시작되었고,
지금의 탈세계화 현상도 자국 이기주의 현상 때문입니다.

✖　✖　✖

4장

단절의 고착화는
비용의 증가를 부른다

▲　▼　▲

　코로나19 이전에 미중무역전쟁과 함께 세계 각국의 보호무역주의는 전 세계의 분열을 불러왔습니다. 2020년 OPEC+ 회원국들의 감산 합의 실패는 코로나19 경제위기의 단초가 되었던 만큼 회원국 내부의 단결도 매우 중요합니다.

　한국 속담에 "호미로 막을 것을 가래로 막는다"는 말이 있습니다. 적은 힘으로도 충분히 해결할 수 있는 일인데 시기를 놓치거나 미리 준비하지 않아 더 큰 힘을 쓴다는 뜻인데요, 국제 사회에도 이를 적용할 수 있습니다.

　산유국 내부의 단절은 코로나19 경제위기를 간접적으로 유발했고, 이를 극복하기 위해 미국 연준이 수조 달러의 돈을 풀었습니다. 그리고 이것은 현재까지 인플레이션이라는 고통으로 이어지고 있습니다. 만약 3년 전에 산유국의 단합이 잘 되었다면 지금과는 다른 상황이 펼쳐지지 않았을까요?

다시 시작된 산유국의 대반란,
깜짝 감산 발표

　2023년에도 산유국들의 단절은 이어지고 있습니다. 이번에는 3년 전과 달리 산유국 내부의 단절이 아니라 다른 측면에서의 단절이 나타나고 있습니다. 2022년부터 이어진 전 세계적인 인플레이션으로 세계 경제는 신음하고 있습니다. 특히 원유 가격의 상승은 에너지 비용 증가를 유발하면서 인플레이션에 큰 영향을 미치고 있습니다.

　치솟는 유가를 억누르기 위해서는 산유국들의 증산이 필수적입니다. 증산을 통해 원유 공급량이 늘어나면 국제유가는 하락할 수 있기 때문이죠. 그렇기 때문에 미국의 바이든 대통령은 2022년 사우디아라비아를 방문해 증산을 요청하기도 했습니다만, 보기 좋게 묵살당하고 말았습니다.

> ### 사우디 간 바이든 '주먹 인사'… 원유 문제 해결 못하고 빈 주먹 귀국
> [2022.7.17. 출처: 서울신문]

　오히려 산유국들은 증산하기는커녕 감산을 하면서 산유국들의 이익 극대화를 꾀하고 있습니다. 2022년 10월 OPEC+ 회원국은 하루에 200만 배럴 감산을 발표했습니다. 그리고 2023년 3월 러시아는 50만 배럴 감산을 발표했고, 그로부터 한 달이 채 지나지 않아 사우

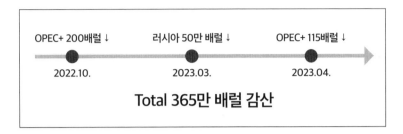

산유국들의 감산 스케줄

OPEC+ 200배럴 ↓   러시아 50만 배럴 ↓   OPEC+ 115배럴 ↓

2022.10.   2023.03.   2023.04.

Total 365만 배럴 감산

디아라비아를 비롯한 산유국들은 하루에 115만 배럴 감산을 깜짝 발표했습니다.

감산을 하게 되면 산유국들의 원유 생산량이 감소하면서 당장 정유 회사의 매출이 줄어들 수는 있지만 결국에는 원유 공급 부족을 야기시키면서 원유 가격 상승을 유발하게 됩니다. 그러면서 결과적으로 산유국들의 수익성 향상에 기여하게 되죠. 산유국들의 배를 불리는 원유 감산 정책은 산유국에게는 유리하지만 전 세계적인 인플레이션을 다시 심화시킬 수 있습니다.

2023년 현재 우리의 가장 큰 적은 인플레이션입니다. 이러한 인플레이션과 맞서 싸우기 위해 중앙은행은 금리 인상을 했습니다. 특히 미국 연준은 인플레이션을 무찌르기 위해 기준금리를 유례없이 1년 동안 475bp나 올렸지만 인플레이션을 아직도 잡지 못하고 있습니다. 미국의 에너지와 식품을 제외한 핵심 소비자물가지수의 전년동월대비 증감률을 보면 감소하는 추세를 보여주고 있지만 여전히 높은 것을 알 수 있습니다.

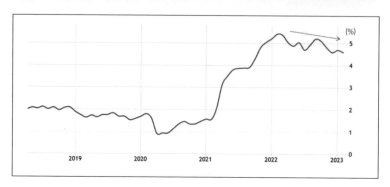

출처: Tradingeconomics.com

국제유가라는 에너지 가격을 제외하더라도 현재 소비자물가지수
는 매우 높은 상황입니다. 이러한 물가 상승 시기에 국제유가마저 상
승하게 되면 인플레이션이 더 심화되지 않을까요? 이로 인해 전 세
계 중앙은행들은 금리 인하를 하기가 어렵지 않을까요? 혹시 금리를
내리더라도 과거처럼 제로 금리로 내리지 못하고 몇 차례의 금리 인
하에 그치지 않을까요?

우리는 난이도가 매우 높은 투자 상황에 처해 있습니다. 고물가
상황에서 중앙은행은 울며 겨자 먹기로 고금리를 유지할 수밖에 없
는 상황입니다. 보통 경기가 안 좋으면 중앙은행은 기준금리를 내리
곤 하죠. 일반적으로 경기 부양을 위해서는 금리 인하가 필수적입니
다. 그래야 기업들이 대출을 받아 투자를 할 수 있기 때문이죠. 하지
만 지금은 물가가 높기 때문에 경기가 좋지 않더라도 기준금리를 내
리기 어려운 상황이 되어버렸습니다. 그리고 산유국들의 감산 담합

으로 인한 물가 상승은 금리 인하를 더 어렵게 만들고 있습니다.

'산유국의 증산'이라는 국제 공조가 나오지 않는 이상, 물가 안정의 길은 요원해 보입니다. 그리고 이러한 글로벌 경기 위축은 한국의 수출을 더욱더 악화시킬 수밖에 없고, 이것은 한국의 GDP를 점점 깎아내리게 됩니다.

이미 미중무역전쟁으로 인해 한국의 GDP는 크게 위축됐었는데, 이번 인플레이션으로 인해 한 차례 더 위축되고 있습니다. 지금의 고물가가 진정되지 않으면 한국의 경기 회복이 나오기에는 어려울 것으로 보입니다.

코로나19와의 전쟁이 단절을 고착화시키다

미중무역전쟁으로 인해 한국의 수출이 큰 타격을 받았고, 코로나19 바이러스와 인플레이션으로 인한 경기 침체로 한국의 수출이 또다시 타격을 받는 중입니다.

많은 사람들에게 인플레이션의 원인에 대해 물으면 여러 가지 대답이 나옵니다. 어떤 분은 '연준의 과도한 유동성 공급'이라 대답할 수 있고, 다른 분은 '러시아-우크라이나 전쟁으로 인한 공급망 병목 현상 때문'이라는 이야기를 할 수 있습니다. 또 다른 분은 '코로나19 바이러스로 인한 락다운(Lockdown)이 인플레이션을 유발했다'고 말을 하곤 하죠. 모두 맞는 이야기입니다.

연준의 2년간의 유례없는 유동성 공급 정책으로 시중에 돈이 많이 풀려있는 상황입니다. 이것이 물가 상승의 기반이 되었다는 것은 누구도 부인할 수 없을 것입니다. 화폐 공급이 많아지면 화폐 가치가 떨어지면서 물가가 오르는 것은 당연한 일일지도 모르겠습니다. 연준의 유동성 공급이라는 밑그림이 그려진 상황 속에서 코로나19와의 전쟁은 단절을 고착화시켰고, 이로 인해 비용 증가 및 물가 상승을 유발하고 있습니다.

2020년 코로나19로 인해 전 세계 상당수의 공장이 폐쇄되었습니다. 그리고 이 정책은 수개월간 지속되었습니다. 코로나19 위기는 분업에 기반한 세계 경제의 취약점을 드러냈는데요, 세계 여러 공장의 폐쇄는 수많은 중간재 제품의 생산량을 감소시켰습니다. 그 결과, 기업은 자재 부족으로 생산에 차질을 빚었고, 사람들이 완제품을 구입하는 데 오랜 지연이 발생하게 되었습니다.

이런 점은 코로나19 경제위기 당시에는 큰 문제가 되지 않았습니다. 그 당시에는 경제가 좋지 않아서 제품에 대한 수요도 적었기 때문이죠. 그러니까 2020년은 공급과 수요가 모두 적었었던 시기라고 볼 수 있습니다.

그런데 언제까지 사람들이 집에 갇혀 살 수만은 없겠죠? 2021년부터 사람들은 코로나19에서 벗어나 일상생활로 복귀를 시작했습니다. 이 당시에 '보복 소비'*라는 말이 유행했었죠. 그러면서 제품에 대한 수요가 늘어나기 시작했습니다. 하지만 코로나19 여파로 인한

공급 부족은 늘어난 수요를 따라가
지 못했고, 이는 제품 가격 상승을
유발하고 말았습니다.

다음은 공급망 병목 현상을 나타

내는 '글로벌 공급망 변동성 지수(Global supply chain volatility index)'
입니다. 2021년부터 의미 있게 상승하더니 2022년까지 꾸준히 늘
어나는 것을 알 수 있습니다. 그만큼 전 세계적으로 공급망 문제가
심각했었고 이로 인해 물가 상승 압박이 심했다는 것을 알 수 있습
니다.

글로벌 공급망 변동성 지수

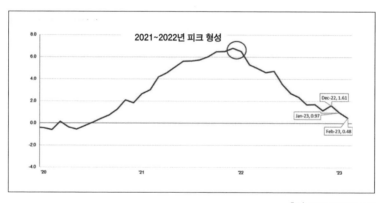

출처: GEP, S&P Global

그리고 러시아-우크라이나 전쟁이 물가 상승에 기름을 끼얹었습
니다. 2022년 2월 24일 러시아는 우크라이나를 침공하면서 긴 전쟁
이 시작되었습니다. 러시아 입장에서 보면 우크라이나는 흑해를 통

출처: naver

해 지중해로 나갈 수 있는 유일한 창구입니다. 그리고 유럽 입장에서
보면 우크라이나는 러시아의 유럽진출을 막을 수 있는 군사적인 완
충지입니다. 그렇기 때문에 유럽과 러시아 사이에 낀 우크라이나는
제1차 세계대전, 제2차 세계대전의 전장이 되면서 '강대국의 화약고'
로 불리고 있습니다.

중국 입장에서 보면 한국에 군사 시설이 들어오거나 대만에 군사
시설이 들어오는 것을 경계하듯, 러시아 입장에서 보면 우크라이나
가 어떠한 군사 행동을 하는 것을 매우 경계하고 있습니다. 평소에
우크라이나를 마음에 들지 않아 했던 러시아는 표면적으로 우크라이
나가 나토(NATO)* 가입을 추진하자 이를 저지하기 위해 우크라이나
를 침공했습니다.

전쟁이 일어나자 미국과 유럽 주요국들은 러시아를 비판하고 나섰습니다. 직접 군사적인 보복은 하지 않았지만 스위프트* 제재를 가하면서 러시아를 압박했습니다. 스위프트에서 배제된다는 것은 러시아 기업 및 개인의 수출입 대금 결제가 모두 막힌다는 것입니다. 만약에 이러한 조치가 전면 시행되면 러시아

> **나토(NATO)**: North Atlantic Treaty Organization. 소련 및 동유럽의 사회주의 진영에 대항해 자본주의 옹호를 도모하고자 만든 집단방위기구.

> **스위프트**: 전 세계 200여 개국의 1만 1천 개 금융기관이 국제 거래 시 사용하는 전산망. 국제 무역을 위해서 스위프트망 사용은 필수적임.

금융기관 300여 곳이 결제망에서 모두 쫓겨날 수 있습니다. 당연히 러시아 경제가 입는 충격이 상당할 수 있고, 러시아와 무역을 하는 다른 나라의 피해도 불가피한 상황이죠. 전쟁으로 시작한 규제로 인해 한국처럼 글로벌 무역 비중이 높은 국가는 타격을 받을 수밖에 없었습니다.

실제로 현대차의 러시아 공장은 코로나19가 터지면서 공장 가동률이 점점 낮아지더니 전쟁으로 인해 가동이 중단되었고, 결국 카자흐스탄에 매각을 검토하고 있습니다. 단편적으로 현대차의 예를 들었지만 세계 경제가 코로나19로 한 번 타격을 받았고, 전쟁으로 2차 타격을 받으면서 여러 잡음이 터져 나왔습니다. 그리고 2022년에 이런 현상들이 복합적으로 나타나면서 현재의 고물가를 만들어냈습니다.

러시아-우크라이나 전쟁은 원자재와 식량 공급 문제를 유발하면서 물가 상승에 불을 지폈습니다. 유럽은 연간 가스 수입량의 40%를

러시아로부터 조달합니다. 하지만 유럽이 우크라이나를 지지하면서 전쟁 이후 러시아로부터 가스 수입이 급격하게 감소하는 중입니다.

아래 그래프는 유럽으로 가는 주요 가스라인을 발틱, 벨라루스, 노드스트림1(러시아), 튀르키예, 우크라이나로 분류했는데요, 러시아는 전쟁을 핑계 삼아 주요 가스라인인 노트스트림1을 인위적으로 잠궈버렸습니다. 노드스트림1을 제외한 다른 가스라인은 모두 러시아와 우크라이나 주변을 관통합니다. 그런데 전쟁이 한참 진행 중이기 때문에 이런 가스관이 정상적으로 운영되기엔 어려운 상황입니다. 그렇기 때문에 유럽으로 향하는 전체적인 가스량은 줄어들 수밖에 없는 것입니다.

유럽으로 가는 가스 공급량

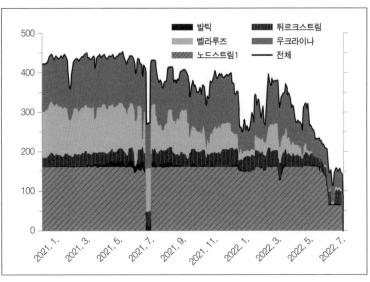

출처: IMF 세계 경제 전망 보고서

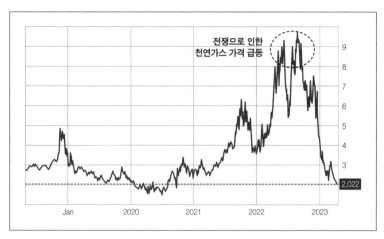

글로벌 천연가스 가격

출처: Tradingeconomics.com

실제로 이로 인해 국제유가와 천연가스 가격이 급등해버렸습니다. 이렇게 올라간 원자재 가격은 단순히 유럽에만 타격을 주는 게 아니라 이를 이용하는 전 세계 경제를 병들게 하고 있습니다.

예를 들어 기름 한 방울 나지 않는 한국의 경우에는 높은 가격에 에너지를 수입하게 되면 제품 원가 부담으로 작용할 수밖에 없습니다. 기업 입장에서는 물건 가격을 올릴 수밖에 없고, 이는 곧 국가의 전체적인 물가 상승으로 이어질 수 있습니다. 그리고 전 세계적인 물가 상승은 제품에 대한 수요 감소로 이어지게 됩니다.

2022년은 러시아-우크라이나 전쟁으로 천연가스와 원유 외에도 전반적인 물가가 올랐었던 시기였습니다. 세계 3대 곡창지대 중 하나인 우크라이나가 전쟁으로 곡물 수출에 차질이 생기자 글로벌 곡물

가격이 급등했고, 이로 인해 우리의 밥상 물가 역시 올라버렸습니다.

이렇게 전반적으로 물가가 올랐다면 사람들은 높아진 식료품, 통신비, 주거비에 대부분의 돈을 소비할 수 있습니다. 그렇다면 흔히 말하는 내구재에 대한 수요가 줄어들 수 있는 것입니다. 당장 먹고살기에도 바쁜데 가전제품, 자동차 같은 내구재는 안 사도 그만이기 때문이죠. 이러한 내구재에 대한 수요 감소는 곧 한국의 수출 감소로 이어지면서 한국 경제에 악영향을 미치고 있습니다.

미중무역전쟁부터 시작된 세계 보호무역은 글로벌 단절을 유발하는 중입니다. 이러한 단절은 코로나19로 인해 고착화되고 있습니다. 결국 우리에게 인플레이션이라는 위기를 불러오면서 우리 경제를 병들게 만드는 중입니다. 그리고 이러한 단절은 아직 끝난 게 아닙니다.

Chip4 법안과 IRA 법안 등 세계 강대국 간의 단절

1974년 미국은 사우디를 정치·군사적으로 보호해주고 사우디는 석유 결제 시 무조건 달러만 사용하는 페트로달러* 체제를 구축하면서 달러는 세계의 기축통화로 등극하게 되었습니다. 석유가 없으면 어떠한 나라도 살아갈 수 없고 국가 성

> **페트로달러:** 산유국들이 원유 수출을 통해 벌어들이는 수출대금을 말함. 원유를 달러로만 결제함으로써 달러는 현재도 기축통화의 자리를 지키고 있음.

장을 만들어낼 수 없는데, 미국은 이를 자국 화폐인 달러로만 결제하게 만듦으로써 기축통화로의 지위를 굳건히 했고, 그 이후 수십 년간 미국은 '세계의 경찰'을 자처해왔습니다.

하지만 2008년 서브프라임 경제위기와 2020년 코로나19 경제위기를 겪으면서 미국의 경제 성장 속도가 꾸준히 감소하고 있는데요, 이런 상황 속에서 중국이 치고 올라오니 미국도 언제까지 남의 나라를 신경 쓰고 살 수만은 없는 상황에 처한 것입니다. 자기 나라 먹고 살기에도 힘들어지니 미국은 자국 우선주의 정책을 하나둘씩 펼칩니다. 모두 중국을 염두에 둔 정책이긴 하지만 미국이라는 나라가 다시 한번 세계 경제를 주도하기 위해 펼친 정책의 일환으로 보입니다. 이러한 정책들을 보면 한국 기업 입장에서 위기와 기회가 공존할 수 있다고 보여집니다.

첫 번째 정책은 '제2의 반도체'로 불리는 2차전지와 관련된 미국의 인플레이션 감축법(IRA 법안)입니다. 이름은 인플레이션 감축법이지만 '전기차를 비롯해 북미 공장에서 조립된 전기차에만 7,500달러의 보조금을 지불한다'는 내용이 골자입니다. 그래서 이 법안이 발표된 직후 현대차는 야심차게 북미에 공장을 짓겠다는 발표를 내놨습니다. 현재 현대차그룹의 미국 점유율이 10%가 넘어가는 상황이기 때문에 현대차 입장에서는 북미 시장을 포기할 수 없습니다.

이 순간에도 IRA 법안의 세부 법안이 계속 공개되고 있습니다. 2023년 4월 기준으로 7,500달러의 전기차 보조금을 받기 위해서는 다음과 같은 2가지 요건이 있습니다. 첫째로 미국과 FTA를 맺은 국

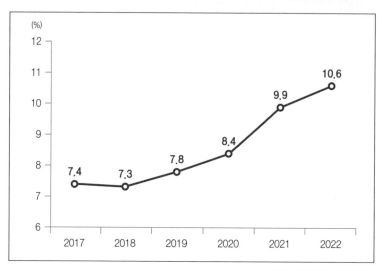

미국 시장에서 현대차·기아의 합산 점유율 추이

출처: 키움증권 리서치 센터

가에서 배터리에 쓰이는 광물(리튬, 코발트, 흑연 등)을 40% 이상 조달받아야 하고, 둘째로 북미산 배터리 부품(양극재, 음극재, 전해액 등)을 50% 이상 조달받아야 합니다. 이 2가지 요건을 모두 충족시켜야 7,500달러의 보조금을 온전히 받을 수 있습니다. 그리고 중국에서 주로 수입하는 배터리에 관련된 광물은 쉽게 대체할 수 없기 때문에 2024년까지는 중국에서 수입한 광물도 FTA를 체결한 국가(예를 들면 한국)에서 가공하면 보조금 대상으로 인정해주기로 했습니다.

그렇기 때문에 당장에는 북미에 배터리 공장을 다수 운영 중인 한국 배터리는 수혜를 받을 수 있습니다. 하지만 2025년부터 중국산 광물을 사용하면 보조금 대상에서 제외되기 때문에 한국은 중국 중

배터리 광물 조건 3,500달러	미국 또는 미국의 FTA 체결국에서 추출 및 가공 2023년 40% → 2027년 80%
배터리 부품 조건 3,500달러	북미에서 제조 또는 조립 2023년 50% → 2029년 100%

심의 공급망을 재편해야 하는 상황에 처해 있습니다. 그리고 보조금 지급 요건 중 하나로 북미산 배터리 부품을 사용해야 하는 점도 있습니다.

현재 한국 배터리 회사들의 미국 진출이 이어지고 있습니다. LG에너지솔루션, SK온, 삼성SDI가 대표적입니다. LG에너지솔루션은 GM과, SK온은 포드와 합작사를 설립해 미국에서 공장을 운영하는 중이고, 추가 투자 역시 예정되어 있습니다. 삼성SDI는 스텔란티스와 합작공장을 짓기로 합의한 상황입니다.

한국과 미국의 배터리 협약이 맺어지게 되면 당장 한국 기업들의 실적은 좋아질 수 있겠지만 기술 유출의 문제가 발생할 수 있고, 한국 입장에서 고용 창출의 효과는 거의 없습니다. 모두 미국 노동자들의 일자리 증가에 기여할 수밖에 없는 상황입니다.

그리고 향후 미국에서 독자적으로 배터리를 만들게 되면 한국 배터리 기업들은 내팽겨질 수 있는 최악의 상황도 염두에 둬야 할 것 같습니다. 예를 들어 삼성SDI와 스텔란티스가 합작사를 설립해 미국에 배터리 공장을 지었는데, 수년간 같이 일하면서 삼성SDI의 배터리 기술을 스텔란티스가 모두 습득한 이후 나중에 독단적으로 배터리 공장을 지을 수도 있는 것입니다.

어쨌든 미국은 IRA법안을 통해 미국으로 모든 일자리와 모든 기술을 불러오고 있습니다. 그런데 기존 배터리 관련 회사들은 유럽에 공장이 많이 있었습니다. 그렇다면 유럽 입장에서는 이러한 배터리 공장을 뺏길 가능성을 염두에 두어야 하지 않을까요? 그래서 유럽도 유럽판 인플레이션 감축법인 CRMA* 법안을 공개하면서 맞불을 놓고 있습니다.

미국의 세계 패권을 공고히 하기 위한 두 번째 정책으로 Chip4 법안이 있습니다. 이것은 간단히만 언급드리겠습니다. Chip4 법안은 반도체 강국인 미국·일본·대만·한국의

> CRMA: 핵심원자재법. 유럽 지역 내에서 생산된 친환경제품에 한해 보조금을 지급하는 정책임. 유럽도 미국 IRA 법안을 따라 CRMA 법안을 내세움.

안정적인 반도체 생산과 공급망 구축을 위한 반도체 동맹이라고 생각하시면 됩니다. 세부 항목으로 반도체 공정 관련 핵심 장비(노광 장비 등)의 중국 수출을 금지하는 내용이 있습니다. 중국 공장을 운영 중인 삼성전자와 SK하이닉스에게도 이러한 항목이 적용됩니다. 중국에 있는 어떤 반도체 공장도 첨단 장비의 반입이 금지되는 것입니다.

북미에 반도체 공장을 지으면 보조금을 지급해주는 정책도 있습니다. 그래서 삼성전자는 미국 텍사스주에 반도체 공장을 짓고 있습니다. 그러나 이러한 보조금을 받으면 기존 중국 공장의 생산능력을

10년간 5% 이상 늘리지 못합니다. 반도체는 산업이 급속도로 발전하기 때문에 새로운 장비 도입과 함께 생산능력을 꾸준히 늘려주어야 하는데, 이러한 미국의 정책은 중국 공장을 포기하라는 이야기인 셈입니다. 그러면서 반도체 공장을 중국이 아니라 미국에 지으라는 식의 강요 아닌 강요를 하고 있습니다.

이처럼 세계 강국들이 서로 자기 나라의 국익을 위해 이빨을 드러내고 있는 상황인데요, 이러한 흐름은 결국에 자국 이기주의에 기반하고 있습니다. 과거 자유무역주의 시대에는 세계 각국이 잘하는 부품을 생산해서 서로 무역을 통해 공존했었던 시기입니다. 하지만 시간이 흐를수록 점점 먹고살기 팍팍해지니 모든 것을 자기 나라에서 생산하겠다는 욕심을 서로서로 내비치고 있습니다.

짧게 보면 한국이 잘하고 있는 반도체와 배터리를 서로 가져가겠다는 정책은 한국 입장에서는 당장은 좋아보일 수 있습니다. 하지만 길게 보면 이를 뺏길 수 있는 위험도 있기에 한국 산업에 좋지는 않을 것으로 보입니다.

그리고 잘하든 못하든 하나의 나라에서 모든 것을 다루겠다는 것은 결국 비용의 증가로 이어집니다. 한국이 괜히 반도체 강국이 된 것이 아니고, 중국이 괜히 '세계의 공장'이 된 것이 아닙니다.

예를 들어 미국에서 모든 것을 생산하게 되면 공정이 최적화되기 전까지 생산 단가가 높아질 수 있습니다. 물론 최적화를 빨리 하기 위해 한국과의 합작사 설립을 하는 것 같지만 미국의 높은 인건비로 인해 물품의 가격이 올라갈 수도 있고, 미국에서 생산된 물품을 해외로 수출하는 과정에서 물류비용이 발생할 수도 있습니다.

　이러한 모든 것들은 전 세계적인 물가 상승을 유발할 수 있을 것으로 보입니다. 앞으로 '고물가'라는 뉴 노멀을 우리는 받아들여야 할지도 모르겠습니다.

▲　▼　▲

금리 인상 이후 대부분 경제위기가 왔기 때문에 지금은 조심스럽게 투자
해야 하는 것은 맞습니다. 하지만 '이번에는 다를 것'이라는 말이 나오고
있습니다. 양측의 의견을 모두 고려하면서 합리적인 방향으로 투자를 결
정해야 합니다.

▼　▲　▼

PART 3

과거의 사이클이 반복될 것이라는 착각

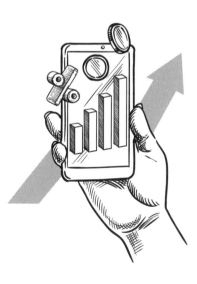

많은 사람들은 일본의 디플레이션을 보고
일본의 전철을 밟지 않기 위해 노력하고 있습니다.
그래서 지금의 유동성 환경이 조성된 것이겠죠.

1장

디플레이션보다
인플레이션이 낫다

▲　▼　▲

　지금까지 세계 중앙은행이 현재의 고금리를 유지할지라도 고물가가 꽤 오래 지속될 가능성이 높다는 이야기를 드렸습니다. 물가를 잡기가 생각보다 어렵다는 말입니다. 물론 중간중간에 약간의 금리 인하는 나올 수 있겠지만, 과거처럼 기준금리를 0%로 내리는 것은 어려울 수 있습니다.

　그래도 많은 사람들은 여전히 중앙은행의 지속적인 금리 인하를 기대하고 있는데요, 왜냐하면 중앙은행은 위기를 맞이하면 늘 금리를 내리면서 이를 해결해왔었기 때문입니다. 학습 효과가 있으니 이것을 기대하는 것은 당연한 일일지도 모르겠습니다.

　그리고 중앙은행은 물가를 잡기 위한 과도한 금리 인상으로 인해 상품과 서비스의 가격이 지속적으로 하락하는 디플레이션에 빠지는 것을 원하지 않습니다. 그들은 단지 적당한 수준의 물가를 원할 뿐입니다. 이를 위해 금리를 올리거나 내리는 정책을 펼치고 있을 뿐이죠.

디플레이션의 대표적인 예시,
일본의 '잃어버린 30년'

중앙은행은 사회 전체적으로 물가가 오르는 인플레이션과 물가가 떨어지는 디플레이션 중 어느 것을 선호할까요? 극단적인 인플레이션과 디플레이션은 원하지 않겠지만 굳이 하나를 고르자면 인플레이션입니다.

디플레이션은 자본주의와 배척되는 개념입니다. 지속적인 물가 하락을 의미하는 디플레이션이 발생하면 상품 가격의 하락에만 그치지 않고 주식과 부동산 같은 자산들의 가치 역시 하락합니다. 그렇게 되면 사람들은 지갑을 닫아버립니다. 이렇게 찾아오는 내수 위축과 함께 기업은 고용을 줄이게 되고, 고용 위축이 발생하면 우리의 월급은 오르지 않고 구조 조정이 찾아옵니다. 고용 문제가 지속되면 사람들의 지갑은 더욱 닫힐 수 있습니다. 이렇게 물건에 대한 수요가 줄어드니 물가는 더 떨어지고, 기업은 더 어려워지고, 사람들의 삶은 더욱 피폐해집니다. 이런 하락의 무한 루프에 진입하는 것이 바로 디플레이션입니다.

디플레이션은 단순히 물가 하락에 그치지 않고 사람들의 생활을 어렵게 만들고, 무언가 할 수 있다는 신념도 앗아가버립니다. 어차피 열심히 사업해도 사줄 사람도 없을 텐데, 어차피 주식투자와 부동산투자를 해도 손해 볼 텐데, 어차피 좋은 회사에 취업해봤자 월급도 안 오를 텐데 등등의 부정적인 생각을 하게 만들면서 사람들의 의욕을 앗아가버립니다.

이러한 디플레이션은 심리에 의해 결정되는 부분이 큽니다. 그렇기 때문에 중앙은행은 애초에 디플레이션에 빠지지 않기 위해 늘 적정량의 통화량을 주입하고 있습니다.

디플레이션의 대표적인 예시가 '일본의 잃어버린 30년'입니다. 일본의 과거 이야기를 잠깐 해드리겠습니다.

제2차 세계대전 이후 일본 경제는 전자 제품의 수출 호조와 함께 폭발적인 성장을 보입니다. 이때에는 SONY사의 워크맨, TV 등의 일본산 제품들이 크게 유행했었죠. 그때 당시 대일(對日) 무역 적자가 심했었던 미국은 이를 내버려둘 수 없었는데요, 1985년 미국은 일본을 견제하기 위해 엔화의 가치를 강제로 높이는 플라자 합의*를 체결했습니다.

플라자 합의는 일본 거품경제의 원인이 되었습니다. 일반적으로 자국 화폐가 강세로 전환되면 수출에 불리합니다. 플라자 합의로 인해 엔화 강세 현상이 나타났고, 이

> **플라자 합의**: 미국의 달러화 강세를 완화하려는 목적으로 미국, 영국, 독일, 프랑스, 일본의 재무장관들이 맺은 합의. 이 합의 이후 엔화는 강세 조정되고, 달러는 약세 조정됨.

로 인해 일본의 수출 경쟁력이 떨어지자 일본 정부는 이를 극복하기 위해 금리를 내리면서 시중에 돈을 풀었습니다. 수출에 대한 관심을 내수로 돌리면서 경기를 부양하고자 하는 의도였습니다. 그렇지만 이로 인해 일본의 부동산시장과 주식시장에 엄청난 거품이 생겨버렸습니다.

1980년대 급등했다가 1990년을 정점으로 흘러 내리는 니케이 지수

출처: Fred economic data

이때 미국의 금리 인상이 시작되었고, 자금 유출과 급격한 부동산 가격 상승을 막기 위해 일본은 기준금리를 올리고 부동산 대출을 옥죄기 시작했습니다. 그렇지만 무리한 긴축은 독이 되어 돌아왔고, 1990년부터 부동산·주식 가격 하락이 시작되면서 일본의 '잃어버린 10년'의 시작점이 되었습니다.

일본의 '잃어버린 10년'은 시간이 지나면서 10년, 20년, 30년, 이렇게 길어지고 있습니다. 그만큼 디플레이션 상황이 지속되고 있다는 것입니다. 디플레이션을 타파하기 위해 2012년 12월에 아베 신조는 '아베노믹스'*라는 경제 정책을 들고 나옵니다.

> **아베노믹스:** 양적완화를 통해 엔화를 찍어내어 엔화를 시중에 공급하고 엔화의 가치를 떨어뜨리는 정책.

일본 중앙은행은 엔화를 인위적으로 찍어내 일본 재무부가 발행한 국채나 민간이 보유하고 있는 국채를 닥치는 대로 매입합니다. 이렇게 되면 시중에 엔화가 넘쳐나게 되어 유동성이 높아지게 되고, 엔

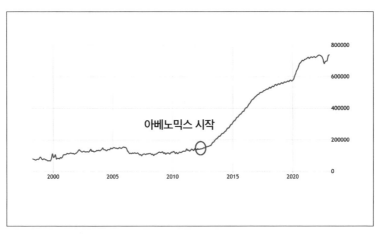

아베 집권 이후 급증한 일본 중앙은행의 자산

아베노믹스 시작

출처: TRADING ECONOMICS

화의 가치는 떨어지게 됩니다. 1985년 플라자 합의와 반대로 움직인 다고 보시면 됩니다. 엔화의 가치가 떨어지면서 일본의 수출이 늘어 나게 되면 전 세계적으로 일본 제품의 위상은 커질 수밖에 없습니다. 이는 자연스럽게 일본 경기의 활성화로 이어지게 됩니다.

그렇지만 일본의 인위적인 양적완화 정책은 물가 상승이라는 부 작용을 불러올 수밖에 없습니다. 그러나 이때 당시 일본은 심각한 물 가 하락 현상에 시달리고 있었기 때문에 일본 중앙은행은 물가가 올 라가는 것을 오히려 기대했습니다. 많은 나라에서 부작용으로 여 겼었던 물가 상승이라는 현상을 일본에서는 오히려 반겼던 상황이었 습니다.

하지만 아베노믹스가 10년 넘게 지속되었음에도 불구하고 최근

전 세계적으로 인플레이션을 맞이하기 전까지 일본은 디플레이션을 벗어날 수가 없었습니다. 돈을 그렇게 퍼부었어도 인플레이션에 진입하기 힘들었다는 말입니다.

일본의 경우에서도 봤듯이, 한 번 심리적으로 디플레이션에 진입하게 되면 이를 벗어나기가 매우 어렵다는 것을 알 수 있습니다. 그렇기 때문에 현재 세계의 중앙은행들은 인플레이션을 잡기 위해 노력하고 있지만, 한편으론 디플레이션에 빠지는 것은 더욱 경계하고 있습니다.

디플레이션에 빠지지 않기 위한 세계 중앙은행의 노력

경제학의 입문서로 알려진 『맨큐의 경제학』에 "인플레이션은 나쁘다. 그러나 디플레이션은 더 나쁠 수 있다"라는 구절이 나옵니다. 그만큼 세계의 중앙은행은 디플레이션에 빠지지 않기 위해 엄청난 노력을 해왔었습니다.

2008년 미국에서 네 번째로 큰 투자은행인 리먼브라더스가 파산하면서 세계 금융위기가 터졌습니다. 금융위기가 터지면 사람들은 지갑을 닫고 고용이 함께 위축되기 때문에 금융위기는 곧 디플레이션 상황이라고 볼 수 있습니다.

당시 이 위급한 상황에서 미국 중앙은행인 연준의 의장이었던 벤 버냉키*는 시중에 달러를 푸는 양적 완화 정책을 시행하면서 금융위기를 극복했습니다. 다시 말해 은행에 돈이 부족해지면서 금융위기가 터지자 연준은 은행에 돈을 강제적으로 주입하면서 이 위기를 이겨냈던 것입니다.

일본은 30여 년간 이어진 디플레이션을 극복하기 위해 뒤늦게 양

벤 버냉키: 2006년부터 2014년까지 연준 의장으로 재직한 인물. 하버드 경제대학원 박사 과정 동안 세계 대공황과 일본의 버블 경제에 대해 연구하면서 '위기가 터질 때 돈을 즉각적으로 투입해야 한다'는 결론을 얻고 실제로 2008년 금융위기가 닥치자 이를 미국 경제에 적용해 비교적 위기를 잘 극복했다는 평을 얻음.

적완화를 도입했습니다. 하지만 연준은 디플레이션의 고착화를 잘 인지하고 있었기 때문에 이를 조기에 잡고자 양적완화를 재빨리 시행했던 것입니다.

이해하기 쉽게 말해보죠. 일본은 병을 발견하고 나서 30년 동안 통원 치료를 하면서 장기간 약만 복용하다가 참다 못해 양적완화라는 수술을 했습니다. 그렇지만 이미 병이 온몸에 퍼졌기 때문에 수술을 통해서도 병을 치료하기 어려운 상황이 된 것입니다. 반면에 미국은 병이 발견되자마자 바로 수술을 하면서 병을 단번에 치료했다고 보시면 됩니다.

결론적으로, 당시 버냉키 의장의 양적완화 정책으로 미국은 디플레이션의 늪에서 빨리 벗어날 수 있었던 것입니다. 물론 미국에는 애플, 아마존, 마이크로소프트, 구글 같은 글로벌 혁신 기업이 다수 있었기 때문에 이를 기반으로 2010년대에 독보적인 성장을 한 것 역시

디플레이션을 극복하는 데 큰 기여를 했다고 봅니다.

또 다른 양적완화의 사례는 유럽의 경우를 들 수 있습니다. 유럽의 양적완화 역시 짧게 소개시켜드리겠습니다.

2008년 미국의 금융위기는 유럽으로 전이가 되었습니다. 그렇지만 유럽의 수출 강국 독일은 미국과 달리 양적완화를 바로 시행하지 않았습니다. 제1차 세계대전 직후 막대한 배당금을 지불하기 위해 독일은 돈을 엄청 찍어내면서 하이퍼인플레이션*을 겪었던 아픈 기억이 있기 때문입니다. 독일은 유동성 공급을 주저하면서 오히려 반대로 긴축 정책을 펼쳤습니다. 경제가 어려우니까 허리띠를 조이고 돈을 덜 쓰자는 것입니다.

> **하이퍼인플레이션:** 통상적인 물가 상승을 벗어나 비정상적으로 물가가 급등하는 현상. 중앙 정부가 유동성을 과하게 공급할 때 발생하는 현상으로 추정됨.

그렇지만 독일의 이런 정책은 유로존 국가들을 더욱더 힘들게 만들었습니다. 강대국인 독일은 이러한 긴축 정책에도 불구하고 잘 버틸 수 있었지만, 약소국인 몇몇 유로존 국가들은 쓰러졌습니다. 결국 2011년 11월 그리스는 독일의 긴축 정책을 버티지 못하고 파산에 이르게 되었습니다.

유럽은 비교적 늦은 2015년에 양적완화를 도입하면서 시중에 유동성을 공급했습니다. 디플레이션에 대한 대응이 일본보다는 빨랐지만 미국보다는 느렸다고 볼 수 있습니다. 그래서 그런지 유럽은 미국처럼 빠르게 디플레이션으로부터 탈피하지 못하고 있었습니다. 물론 2022년 전 세계적인 인플레이션을 맞이해 유로존의 물가는 급등하

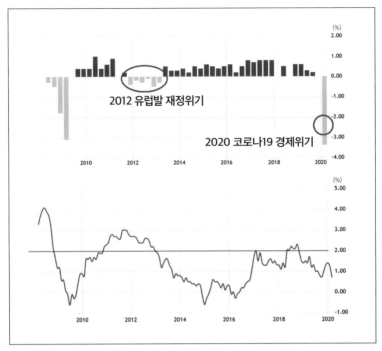

유로존의 분기별 GDP 성장률과 물가 상승률(2008~2020년)

2012 유럽발 재정위기

2020 코로나19 경제위기

출처: TRADING ECONOMICS

고 있지만 성장률은 여전히 바닥을 기어다니고 있습니다.

유럽도 어떻게 보면 '잃어버린 10년'을 겪고 있는 중입니다. 코로나19 이전의 분기별 GDP 성장률과 물가 상승률을 보면 바닥을 기어가는 것을 확인할 수 있습니다.

디플레이션보다는 인플레이션이 낮지만,
그렇다고 과도한 인플레이션을 반기는 사람은 없을 것입니다.
지금의 과도한 인플레이션은 현재 진행형입니다.

2장

40년 만의 인플레이션을 중앙은행은 두려워한다

▲ ▼ ▲

코로나19 경제위기 직전인 2019년을 살펴보겠습니다. 이때 미국
은 디플레이션에서 빠져나왔지만 다시 진입하려는 움직임을 보이고
있었고, 유럽과 일본은 여전히 디플레이션에 허덕이고 있었습니다.
미국은 양적완화 정책을 2014년에 종료한 반면, 유럽과 일본은 여전
히 양적완화를 시행하고 있었습니다. 그럼에도 불구하고 유럽과 일
본은 디플레이션에서 빠져나오지 못하고 있었던 시기였습니다. 즉
2019년은 전 세계적으로 돈을 풀고 있었음에도 불구하고 만족스러
운 경제 성장이 나오지 않았던 시기라고 볼 수 있습니다.

그래서 많은 나라들이 코로나19 경제위기를 맞이했을 때 인플레
이션에 대한 걱정을 하지 않고 마음 놓고 돈을 찍어내지 않았을까
요? 현재 세계 중앙은행의 총재들이 40년 전의 인플레이션을 경험
했다면 이렇게 마음 놓고 돈을 찍어낼 수는 없었을 것으로 보입니다.
몇몇 원로 경제학자들이 인플레이션에 대한 경고를 했지만 당연히
현 중앙은행 총재들의 귀에 들어오지 않았던 것입니다.

1980년대의 인플레이션이
40년 만에 다시 찾아왔다

2020년 3월 코로나19 경제위기가 전 세계를 강타했고, 이에 전 세계 중앙은행은 일제히 양적완화를 시행하면서 시중에 돈을 풀기 시작했습니다. 그 결과 전 세계는 우리가 익히 알고 있는 물가 상승을 고스란히 겪고 있습니다.

세계적인 양적완화와 함께 유럽과 일본은 졸지에 디플레이션 상황을 탈피해버렸습니다. 자기 나라만 돈을 푸는 게 아니라 전 세계적으로 돈을 풀어버리니 유럽과 일본의 물가가 오를 수밖에 없었습니다. 그리고 러시아-우크라이나 전쟁도 이때 발발하면서 제품 공급 부족으로 인한 물가 상승도 한꺼번에 나와버렸습니다.

이번의 물가 상승은 건강한 물가 상승이 아닙니다. '건강한 물가 상승'이란 경제가 살아나면서 제품에 대한 수요가 증가해 자연스럽게 물가가 오르는 현상이라고 말할 수 있습니다. 하지만 이번의 물가 상승은 수요 증가 부분보다는 중앙은행에 의한 유동성 증가와 전쟁으로 인한 공급 부족 문제가 더 크다고 봅니다. 그렇기 때문에 이번의 물가 상승은 오히려 소비 위축을 불러오면서 성장 둔화를 불러왔습니다.

일반적으로 물가 상승은 경기 침체를 유발하면서 기업의 실적을 악화시킵니다. 그렇다면 주식 가격과 부동산 가격이 지속적으로 떨어지는 게 맞아 보일 수 있습니다. 하지만 최근의 증시 흐름을 보면

주식 가격과 부동산 가격이 생각보다 많이 떨어지지 않고 어느 수준
에서 지지받으면서 반등한다는 생각을 가질 수 있습니다. 왜냐하면
시중에 유동성이 많이 풀려 있기 때문입니다.

2008년부터 전 세계적으로 돈이 너무 많이 풀려 있습니다. 특히
2020년 코로나19 경제위기를 맞이해 너도나도 돈을 많이 풀었습니
다. 그렇기 때문에 이러한 유동성이 여기저기 돌아다니면서 우리의
투자자산 가격의 하방을 지지해주는 것입니다. 시중 통화량을 나타
내는 아래의 M2 차트를 보면 2020년을 기점으로 폭발적으로 늘어난
것을 확인할 수 있습니다.

시중 통화량을 나타내는 M2 차트

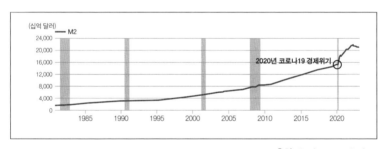

출처: Fred economic data

그리고 앞서 설명드렸듯 사람들은 위기가 오면 연준은 금리를 내
리면서 다시 시중에 돈을 풀어줄 것이라는 기대를 하고 있습니다. 그
렇기 때문에 사람들은 '중앙은행이 금리를 내리면 다시 주식 가격과
부동산 가격이 오르겠지'라는 기대를 가지고 미리미리 투자를 하고
있는 것입니다. 그들은 과거에 많이 올랐다가 최근에 조정받았던 투

자자산을 미리 사두는 것입니다.

그런데 이렇게 투자자산의 가격이 오르게 되면 이를 기반으로 사람들은 소비를 하게 됩니다. 그렇다면 물가가 잡힐 수 있을까요? 제품에 대한 수요가 늘어나면 물가가 오를 수밖에 없습니다. 이는 곧 연준으로 하여금 금리 인하를 망설이게 하는 요인으로 작용할 수 있을 것으로 보입니다.

2023년에 주식 가격이 오르는 이유를 '시장에 풀려 있는 유동성'과 '금리 인하에 대비해 미리 주식을 사두려는 사람들의 심리'로 들었는데요, 가장 중요한 게 하나 남았습니다. 그것은 바로 '물가 정점에 대한 인식'입니다.

지금의 물가는 1970~1980년대의 고물가 상황과 비슷합니다. 미국 기준으로 소비자물가지수는 1974년 12월에 한 번 정점을 찍었고,

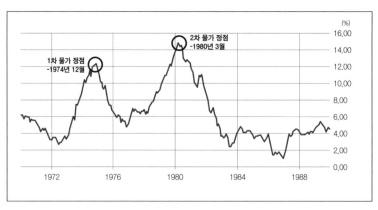

1970~1980년대 미국의 소비자물가지수(전년동월대비 상승률)

출처: TRADING ECONOMICS

그 이후 물가는 다시 오르다가 1980년 3월에 또다시 정점을 찍곤 진정되었습니다. 그렇다면 소비자물가지수가 정점을 찍은 이후 미국 증시가 어떤 움직임을 보였는지 살펴보겠습니다.

재미있는 결과가 나왔습니다. 1차 물가 정점이 확인되고 나서 미국의 대표 지수인 S&P500 지수는 1년 이상 상승하는 흐름이 나왔고, 2차 물가 정점이 확인되고 나서 S&P500 지수는 6개월 이상 상승하는 흐름이 나왔습니다. 이때 당시의 물가 상황은 지금보다 훨씬 심각했습니다.

지금은 소비자물가지수가 9.1%로 물가 정점을 찍었지만, 과거 1970~1980년대에는 10% 이상의 고물가를 오랫동안 유지하고 있었습니다. 그렇기 때문에 기준금리 역시 지금과 달리 20%까지 올라가기도 했었습니다. 그만큼 투자하기에 어려운 시기였다는 것입니다. 그렇지만 이런 어려운 시기에도 물가 상승률이 정점을 찍고 내려오는 것이 확인만 되었다면 시장은 환호하면서 증시 상승으로 이어지는 것을 알 수 있습니다.

일반적으로 물가라는 것은 전년동월대비 상승률을 일컫습니다. 그렇기 때문에 물가 상승률이 감소한다는 것은 물가 자체가 떨어진다는 의미는 아닙니다. 그렇지만 사람들은 전년동월대비 물가 상승률이 하락했다는 소식 하나에 환호하는 모습을 보여주고 있습니다.

과거 사례에서 보듯 소비자물가지수가 정점에 도달했다는 것이 확인되면 사람들은 이런 고물가가 오래될지라도 앞으로 경제가 나아진다고 예상하면서 주식을 매수하곤 합니다. 주식은 보통 6개월에서

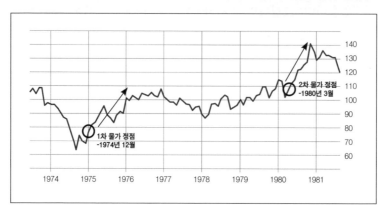

1970~1980년대 S&P500 지수

2차 물가 정점
-1980년 3월

1차 물가 정점
-1974년 12월

1974 1975 1976 1977 1978 1979 1980 1981

출처: TRADING ECONOMICS

1년 정도의 미래를 선반영한다고 하잖아요. 그래서 2023년의 증시 상승이 어느 정도 설명이 되는 것입니다. 그리고 현재에는 과거 대비 유동성이 압도적으로 풀려 있기 때문에 이러한 상승도 설명이 가능합니다.

40년 만의 인플레이션에 적응할 시간이 필요하다

지금까지 세계 경제는 인플레이션과 디플레이션을 반복해왔습니다. 그렇지만 많은 사람들은 2022년을 '인플레이션 위기의 해'라고 꼭 집어서 평가합니다.

2022년에 특별한 인플레이션이 왔던 것일까요? 맞습니다. 지난 40년 동안의 물가 흐름은 잔잔한 파도에 불과했습니다. 하지만 전 세계 물가는 2021년부터 고개를 들더니 2022년에는 미국 기준으로 소비자물가지수가 40여 년 만에 9%를 돌파해버렸습니다. 그리고 수십 년간 디플레이션에 시달려온 유럽과 일본도 인플레이션을 문제 삼기 시작했습니다. 그만큼 이번 인플레이션이 심각했다는 의미입니다.

이 문제는 선진국에 국한되지 않습니다. 현재 세계는 하나로 연결되어 있기 때문에 인플레이션 문제 역시 전 세계적으로 나타나고 있습니다. 그리고 문제가 심각하다는 것은 해결도 어렵다는 말이겠죠.

우리 주변을 봐도 물가가 너무 높다고 난리가 아닙니다. 한때 유행했었던 '욜로(You Only Live Once)'는 사라지고 '짠테크'라는 단어가 요즘 유행하고 있습니다.

그렇다면 우리는 이러한 거대 인플레이션 앞에 무릎을 꿇을 수밖에 없을까요? 그렇지는 않습니다.

인간은 적응하는 동물입니다. 외국은 맥도날드의 햄버거 가격 변동을 통해 물가 수준을 파악하지만, 한국은 자장면 가격 변동을 통해 물가 수준을 파악하곤 합니다. 그만큼 사람들이 많이 찾는 음식이고, 가격이 저렴해서 쉽게 접할 수 있기 때문입니다. 자장면 가격은 지난 40년 동안 수 배가 올랐지만 우리의 삶은 크게 달라지지 않았습니다. 물가 상승률에는 미치지 못하지만 그동안 우리의 임금도 올랐고, 우리의 투자자산 가격도 많이 오르면서 물가 상승에 각자 나름대로 적응하고 있기 때문입니다.

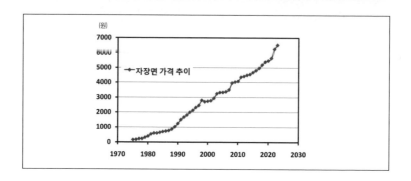

경제 상황에서 어떤 현상을 판단할 때는 물가의 절대 수준보다 물가의 전년대비 상승률이 중요합니다. 물론 경우에 따라 절대 수준이 중요한 상황도 있고, 전월대비 상승률이 중요한 것도 있습니다. 2022년처럼 물가 상승률의 전년대비 상승폭이 매우 높은 구간에서는 우리의 투자자산이 꺾일 수 있습니다. 하지만 2023년은 이미 높아진 2022년의 물가를 기준으로 인플레이션을 평가하기 때문에 우리는 고물가에 조금씩 적응할 가능성이 높습니다. 그렇기 때문에 2023년 증시가 반등에 성공했던 것입니다.

어쨌든 현재 물가의 절대 수준은 계속 높아지고 있고, 지금도 자장면의 가격은 계속 오르고 있습니다. 절대 떨어지지 않습니다. 하지만 전년대비 상승률은 조금씩 진정되고 있습니다. 그러면서 우리도 모르게 이러한 고물가에 우리를 조금씩 맞춰가고 있는 중입니다.

한국 경제를 쉽게 알아볼 수 있는 지표 역시 코스피지수입니다. 코스피지수는 2022년 10월에 한 차례, 2023년 1월에 또 한 차례 저점

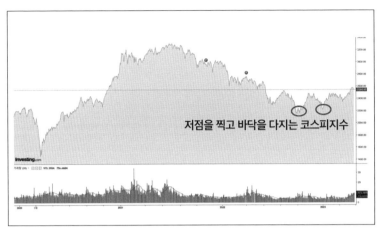

2020년 코로나19 이후 코스피지수의 흐름

저점을 찍고 바닥을 다지는 코스피지수

출처: Investing.com

을 형성하고 반등했습니다. 한국의 소비자물가지수가 2022년 8월에 정점을 찍고 내려오는 모습을 그리고 있기 때문입니다. 그러나 지금 당장 한국 경제가 좋다고 말할 수 있는 사람은 아무도 없습니다. 우리는 늘 현재 경제 상황을 기준으로 판단하면 안 됩니다.

우리는 매우 좁은 길을 지나가고 있다

이미 물가는 정점을 형성했습니다. 그렇다면 물가가 앞으로 점점 내려가면서 경기가 서서히 안정화되는 방향으로 나아가는 게 가장 좋은 시나리오겠죠. 2022년 골드만 삭스는 "미국 경제는 연착륙*을 향한 좁은 길에 있다"라고 평가했습니다. 좁은 길이라는 것은 나아가기가 어렵다는 의미입니다. 좁은 길에

연착륙: 비행기가 활주로에 착륙할 때처럼 급강하지 않고 자연스럽고 부드럽게 경기 하강이 이루어지도록 한다는 의미임.

있기 때문에 많은 전문가들이 예측하는 연착륙은 쉽게 달성되는 것이 아닙니다.

현재 미국의 실업률은 4% 전후로 움직이는 중입니다. 이 정도면 역대 최저 실업률 수준입니다. 일반적으로 실업률과 기준금리는 반대로 움직이는데요, 기준금리가 오르고 나면 경기가 위축되면서 후행적으로 실업률이 높아지기 시작합니다. 현재 기준금리가 5%로 높은 수준임에도 불구하고 이렇게 낮은 수준의 실업률이 나오는 것은 거의 기적적으로 보입니다.

미국의 기준금리와 실업률의 흐름

출처: Fred economic data

다른 이유도 많겠지만 아무래도 2020년 코로나19 경제위기 때 발생한 강제 실직으로 빈 일자리가 많기 때문에 아직도 일손이 부족한 것이 아닌가 하는 생각이 듭니다. 코로나19 덕분(?)에 노동 시장이 잘 버티고 있는 것입니다.

미국 노동 시장에는 여전히 공급보다 수요가 많습니다. 그렇기 때문에 노동자들의 임금 역시 높게 유지될 수밖에 없습니다. 이것은 곧 현재의 물가 상승이 당분간 이어질 수밖에 없다는 이야기입니다. 그렇다면 연준은 기준금리를 더 이상 올리지 못할지라도 물가를 억제하기 위해 현재의 높은 금리를 오래 유지할 수 있는 근거가 되지 않을까요?

강인한 노동 시장이 존재하는 한 연준은 쉽사리 기준금리를 내리기에는 어려워 보이는 게 현실입니다. 지금은 코로나19로 인해 빈 일자리가 여전히 많기 때문에 노동 시장이 쉽게 무너질 가능성은 낮아

2020년의 코로나19 이후 가파르게 오르고 있는 미국 제조업 시급

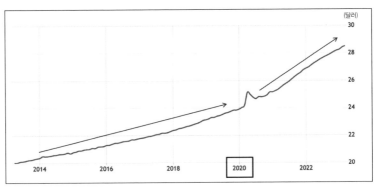

출처: TRADING ECONOMICS

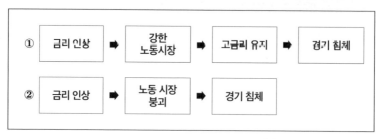

출처: TRADING ECONOMICS

보입니다. 그렇다면 지금의 높은 금리는 오래 유지될 수 있고, 고금리로 인해 경기 침체가 발생할 가능성 역시 높아집니다.

그렇지만 반대로 생각을 해볼까요? 금리 인상으로 인한 실업률 증가의 효과는 역사적으로 보면 12개월 후에 나타났습니다. 즉 2022년 3월에 처음 금리를 인상한 것을 감안하면, 2023년에 금리 인상의 여파가 슬슬 나타날 때가 되었습니다. 아직 노동 시장의 침체로 나타나고 있지는 않지만 몇몇 중소은행들의 파산이 나오고 있죠. 만약에 금리 인상의 여파로 노동 시장이 크게 무너진다면 경기 침체가 발생할 수 있습니다.

어떤 경우든 경기 침체가 발생하면서 시장이 무너질 가능성이 있는 것입니다. 하지만 골드만삭스가 말했듯 지금 시장은 노동 시장이 천천히 약화되고 물가가 천천히 내려가면서 경기가 서서히 안정화되는 아주 좁은 길을 기대하는 중입니다. 시장은 새로운 제3의 길을 모색하는 중입니다.

5일(현지시각) 블룸버그통신에 따르면 얀 해치우스 등 골드만삭스 이코노미스트들은 미국 경제가 여전히 연착륙을 향한 좁은 길 위에 있다고 평가했다. 인플레이션 수치 개선 등의 요인들이 경기 침체를 초래하지 않고도 연준이 공격적 금리 인상을 단행할 수 있음을 시사한다는 것이다.

[2022.6.6. 출처: 뉴스핌]

그렇기 때문에 지금은 투자 난이도가 매우 높은 구간입니다. 그리고 시간이 흐르면서 골드만삭스의 좁은 길이 조금씩 확인되고 있습니다. 경제 지표는 둔화되고 있지만 고용은 강한 모습이 나오면서 많은 사람들은 골드만삭스가 말하는 좁은 길 위에서 주식 같은 위험자산에 투자하는 중입니다.

인플레이션을 잡기 위해 세계의 중앙은행들은
기준금리를 지속적으로 올리는 중입니다.
이와 함께 약한 고리들이 하나둘씩 끊어지고 있습니다.

3장

앞으로도 위기는
언제든지 찾아올 수 있다

▲ ▼ ▲

좁은 길을 가는 것은 매우 어렵습니다. 특히 주변이 낭떠러지인 좁은 길이라면 그 길을 헤쳐 나가는 것이 더 어려울 수 있습니다. 그렇다면 이러한 좁은 길을 돌파하는 것은 불가능한 것일까요?

미국 은행은 2008년에 좁은 길을 걷다가 떨어졌었던 경험이 있습니다. 이때 연준이 떨어지는 은행들의 손을 너무 늦게 잡아주면서 금융위기에 빠져버렸었죠. 그렇기 때문에 현재는 최대한 좁은 길의 주변에 방어벽을 세워주면서 애당초 떨어지지 않게 노력하고 있습니다. 연준은 경제가 추락하지 않게끔 주변을 최대한 살피는 중입니다.

하지만 주의해야 할 것이 하나 있습니다. 현재 물가 자체가 높은 상황이기 때문에 만약에 위기가 오더라도 중앙은행은 2008년과 2020년처럼 과도하게 돈을 풀지는 못할 것으로 보입니다. 그렇기 때문에 위기가 온다면 과거에 비해 회복력이 더딜 수 있고, 이를 미리 막기 위해 약간의 위기 조짐만 보여도 중앙은행은 초기에 돈을 풀어 이를 막을 것으로 보입니다.

2022년 영국 영란은행의 경제위기 해결 방법

중앙은행은 어떤 방법으로 좁은 길의 주변을 살펴주고 있을까요? 요즘의 중앙은행은 사람들을 살펴주기는커녕 오히려 기준금리를 올리면서 우리에게 해를 가하는 것처럼 보입니다. 그렇지만 사람들이 막상 벼랑 끝으로 떨어지려고 하는 순간에는 늘 우리의 손을 잡아주곤 합니다.

영국의 경우를 살펴볼까요? 영국은 미국보다 더 심한 고물가에 시달리고 있습니다. 2022년 당시 영국의 소비자물가지수는 전년동월 대비 10% 이상의 상승을 보여주고 있었으며, 이로 인해 영국 중앙은행(영란은행)은 기준금리를 지속적으로 올렸습니다. 이렇게 고물가와 고금리 상황이 겹쳐버리니 영국 사람들의 생활은 매우 힘들어졌습니다. 영국 사람들의 생활이 매우 어려워지고 있지만 물가가 계속 오르기 때문에 영란은행은 어쩔 수 없이 기준금리를 더 올려야 하는 상황이었습니다.

일반적으로 기준금리는 은행에 돈을 하루 동안 맡겼을 때 받을 수 있는 이자를 말합니다. 그리고 은행에 돈을 3개월 맡겼을 때 받을 수 있는 이자는 3년물 국채금리이고, 10년을 맡겼을 때 받을 수 있는 이자는 10년물 국채금리라고 간단하게 이해하시면 편합니다. 2022년처럼 기준금리가 꾸준히 올라가는 구간에서는 대체적으로 국채금리역시 꾸준히 올라갑니다. 그렇다는 것은 이와 반대로 국채가격은 떨어진다는 것입니다.

국채가격이 떨어지면 안전 자산으로 여겼었던 국채에 투자한 사람들은 손실이 쌓이지 않을까요? 특히 레버리지를 일으켜서 국채에 투자한 사람들은 손실이 더욱더 크지 않을까요?

결국 문제는 영국의 연기금에서 터졌습니다. 당시 영국의 연기금은 파생상품을 통해 4파운드에 해당되는 국채를 1파운드로 투자할 수 있었습니다. 무려 4배의 레버리지를 일으켰던 것입니다. 2021년 기준으로 연기금의 이러한 파생상품 투자 규모는 1.6조 파운드에 달했습니다. 하지만 이러한 레버리지 투자는 국채금리가 급등하는 시기에 손실을 키워버렸습니다.

2022년은 기준금리 인상과 함께 국채금리가 상승하는 구간이었고, 특히 2022년 9월에 리즈 트러스 총리가 감세안을 발표하자 국채금리가 폭발적으로 급등해버렸습니다. 당시 영국은 물가가 급등하는

영국의 10년물 국채금리 추이

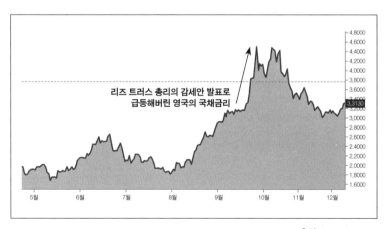

출처: investing.com

시기였고 이를 바로잡기 위해서는 긴축 정책이 필요했었는데요, 리즈 트러스 총리가 긴축은커녕 돈을 푸는 감세안을 발표하자 국채 시장이 발작한 것입니다.

국채금리의 급등과 함께 국채가격이 급락하자 연기금을 운용하는 자산운용사는 마진콜*을 받았고, 이로 인해 운용사들이 현금을 확보하기 위해 채권을 대량으로 매도하면

마진콜: 증거금 이상의 손실이 발생할 경우 추가 증거금 납부를 요구받는 것. 마진콜에 응하지 않으면 자동으로 청산이 됨.

서 채권금리가 다시 올라가는 문제가 발생했습니다. 주식에 비유를 하자면, 주가가 급락해서 너도나도 할 것 없이 주식을 매도했는데 매수해주는 세력이 없으니 주가가 떨어지는 것과 비슷하다고 보시면 됩니다.

그래서 영란은행은 당시 물가가 크게 오르고 있는 상황임에도 불구하고 돈을 찍어내어 20년물 이상의 국채를 최대 650억 파운드(100조 원)어치 사들이겠다고 발표하면서 국채 발작은 가까스로 진정되었습니다.

물가가 오르는 경우에 중앙은행은 돈을 찍어내면 안 됩니다. 물가가 더 오르는 부작용이 발생할 수 있습니다. 그렇지만 떨어지는 국채를 지지해줄 사람(매수자)이 없으니 최종 대부자인 중앙은행이 어쩔 수 없이 돈을 찍어내어 국채를 매수해주는 것입니다. 그것도 이번에는 최대 650억 파운드를 찍어내어 매수하겠다고 발표를 했습니다. 왜냐하면 한 번 돈을 풀 때 확실히 풀어줘야 시장에서 안심하고 국채

시장이 진정될 수 있기 때문입니다.

2020년 3월 코로나19 경제위기가 발생하자 연준은 무제한 양적완화를 발표했었잖아요. 만약에 이때 당시 소규모 양적완화를 발표했었다면 위기는 쉽게 잡히지 않았을지도 모르겠습니다. 그러니까 정책을 쓸 때에는 과감하게 써야 합니다.

그리고 영란은행 사태에서 알 수 있듯이 고물가 상황 속에서 중앙은행은 긴축을 해야 하는 상황임에도 불구하고 위기가 발생하면 어쩔 수 없이 돈을 풀어야 하는 상황이 옵니다. 앞으로 종종 이런 상황을 목격할 수 있을 것입니다.

2023년 미국 연준의 경제위기 해결 방법

2023년 3월 미국의 실리콘밸리뱅크(SVB)가 파산하는 사태가 발생합니다. 여기에 관한 내용은 지난 장에서 다루었기 때문에 간단히만 언급드리겠습니다.

은행 파산은 보통 연쇄적으로 발생합니다. A은행이 파산하게 되면 A은행에 돈을 빌려줬던 B은행이 파산할 수 있고, 파산한 A은행으로 인해 은행권에 대한 신뢰가 떨어지면서 은행권 전체에 예금 인출이 일어납니다. 은행자산이 감소하면 중소은행 중심으로 파산이 발생할 수 있습니다.

일반적으로 은행은 사람들의 예금으로 자산을 쌓은 다음에 이를 기반으로 대출을 일으켜서 수익을 얻는 구조를 가지고 있습니다. 즉 대출금리와 예금금리의 차익으로 이익을 얻는 것입니다. 하지만 2022년 인플레이션과 함께 찾아온 경기 위축으로 인해 예금자들은 예금을 은행으로부터 인출하기 시작했습니다. 예금자들 스스로의 생활이 너무나 어렵기 때문에 자금 확보를 위해 은행에서 돈을 인출했던 것입니다.

그렇다면 이를 은행 입장에서 볼까요? 은행은 고객으로부터 받은 예금 중에 지급준비율*에 해당되는 금액은 중앙은행에 예치해두고 나

> **지급준비율:** 은행이 고객으로부터 받은 예금 중에 중앙은행에 의무적으로 적립해야 하는 비율.

머지는 대출로 활용합니다. 보통 A라는 고객으로부터 100만 원의 예금을 받았다면, 7만 원은 중앙은행에 예치해두고 나머지 93만 원은 다른 사람에게 대출을 해줍니다. 그런데 어느 날 갑자기 A가 찾아와서 자신의 예금 100만 원을 달라고 하는 것입니다. 이때 은행은 중앙은행에 예치한 7만 원은 당장 찾아서 고객에게 돌려줄 수 있겠지만 대출로 사용된 93만 원은 당장 회수하기가 어려울 것입니다. 만약에 A라는 고객뿐만 아니라 여러 사람이 이러한 인출을 요구하게 되면 은행 입장에서는 은행이 보유하고 있는 다른 자산을 팔아 이 돈을 인출해줘야 하는 것입니다.

많은 은행들은 안전자산인 국채의 형태로 은행자산을 보유 중입니다. 하지만 영국의 사례에서 봤듯 지난 몇 년간 금리 인상과 함께

국채가격이 많이 하락했었는데요, 그래서 은행은 국채를 손해 보고 팔아 고객의 예금을 돌려줘야 하는 상황에 이른 것입니다. 이러한 고객들이 많아지면 그게 바로 뱅크런입니다.

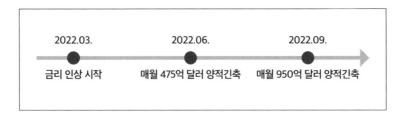

연준은 2022년 3월에 첫 금리 인상을 시작했고, 2022년 6월부터는 매월 475억 달러 규모의 양적긴축*을 시행하고 있습니다. 그리고 2022년 9월부터는 그 규모를 늘려 매월 950억 달러로 양적긴축을 하는 중입니다.

양적긴축: 양적완화의 반대 개념으로써 중앙은행이 보유한 채권의 만기가 다가왔을 때 재투자하지 않거나 만기 이전에 채권을 매각하는 것. 긴축을 통해 중앙은행은 시중의 유동성을 흡수하는 효과를 일으킴.

그런데 2022년에 은행의 파산이 발생하자 은행이 보유하고 있는 국채를 담보 삼아 중앙은행이 돈을 새롭게 찍어내어 은행에게 돈을 빌려줬습니다. 바로 이것이 이전 장에서 설명드린 BTFP라는 것인데요, 만기가 1년에 불과하기 때문에 은행이 이 자금을 가지고 새로운 투자를 하기엔 어렵겠지만 은행에 위기가 발생하자 긴축을 고수하던 연준이 돈을 풀어버린 것입니다.

앞으로 중앙은행은
위기가 오면 돈을 풀 수 없다

영국과 미국의 위기는 중앙은행의 개입으로 일단락된 것처럼 보입니다. 그렇다면 위기는 정말 끝났을까요? 아닙니다. 위기가 올 수 있는 요소는 매우 많습니다.

이번 미국 은행 파산의 결과로 시중의 자금이 중소은행에서 빠져나와 대형은행과 MMF*로 흘러가고 있습니다. 미국 정부에서 예금자 보호를 해준다고 해도 불안하니까 사람들이 조금 더 안전한 곳으로 돈을 옮기는 것입니다.

> **MMF:** Money Market Fund. 자산운용사가 고객의 돈으로 단기금융상품에 투자해 수익을 내는 상품. 예금자 보호는 되지 않지만 우량 채권에 주로 투자되기 때문에 사실상 보호가 됨.

그렇다면 중소은행 입장에서는 어떤 행동을 취해야 할까요? 중소은행은 예금자들의 예금을 받고 이를 기반으로 대출을 해야만 사업을 영위할 수 있는데요, 기초자산이 되는 예금이 줄어들고 있는 상황이라서 중소은행은 울며 겨자 먹기로 예금금리를 인상하고 있습니다. 예금금리를 다른 은행보다 더 많이 줄 테니 중소은행으로 와달라는 것이죠.

하지만 문제는 여기에서 또 생깁니다. 중소은행이 이 상황에서 수익을 내기 위해서는 높아진 예금금리보다 더 높은 금리로 사람들에게 대출을 해줘야 합니다. 요즘 경제도 어려운 상황인데 높은 금리로 사람들이 대출을 쉽게 받을 수 있을까요? 어려울 것으로 보입니다. 이렇게 되면 중소은행 입장에서 높은 예금금리만 소비하고, 대출이자 수입은 줄어들 수밖에 없습니다.

자산이 부족해진 중소은행은 기존의 대출을 회수하려고 노력할 것입니다. 그래서 기존 대출의 만기가 도래하면 연장을 쉽게 해주지는 않을 것입니다. 이런 분위기에서는 제2, 제3의 실리콘밸리뱅크가 나타나도 이상할 것이 없다고 봅니다.

중소은행이 깊게 얽혀 있는 미국의 상업용 부동산을 살펴보겠습니다. 최근 들어 미국의 상업용 부동산이 문제시되고 있는데요, 한국과 마찬가지로 미국도 2021년 부동산 광풍과 함께 많은 투자자들이 만기가 짧은 변동금리로 상업용 부동산을 매입했습니다. 하지만 경기가 위축되자 상업용 부동산의 공실이 증가하게 되었고, 부동산 가격 역시 따라서 하락하기 시작했습니다. 문제는 이들이 대출을 많이 받아서 상업용 부동산을 샀기 때문에 이들이 파산하게 되면 이들에게 대출을 해준 은행도 손실을 피하기 어려운 상황이라는 것입니다. 더 큰 문제는 상업용 부동산 관련 대출의 상당 부분이 대형은행보다 중소은행에서 발생했다는 것입니다.

만약에 채무 불이행 문제가 발생하면 그렇지 않아도 체력이 약한 중소은행에게 큰 타격을 입힐 것으로 보입니다. 그런데 상업용 부동산이든 어떤 이슈든 은행 파산이 사회적 문제로 다시 대두되면 연준은 가만히 있을까요? 그때에도 단기 대출을 통해 중소은행을 구출해주지 않을까요?

이번 실리콘밸리뱅크 파산 이후 퍼스트리퍼블릭뱅크 역시 파산 위기에 처했었는데요, 미국 대형은행 11곳이 퍼스트리퍼블릭뱅크에 총 300억 달러(약 3조 9천억 원)를 투입해 이를 살려냈습니다. 이와 비슷하게 추후에도 위기가 발생하면 대형은행이 나서서 이를 구제해줄 가능성이 있습니다.

순망치한*이라는 말이 있습니다. 중소은행이 무너지면 대형은행이 따라서 무너지는 것은 시간문제입니다. 그렇기 때문에 대형은행 입장

> **순망치한:** 입술이 없어지면 이가 시리다는 말로, 한쪽이 사라지면 다른 한쪽도 어려워지는 관계를 나타내는 말.

에서도 중소은행의 파산을 원하지 않을 것이고, 이를 막기 위해 최선을 다할 것입니다.

중앙은행 입장에서도 마찬가지입니다. 만약에 중소은행이 무너지고 연이어 대형은행이 무너지면 잇따라 중앙은행이 무너질 수도 있는 것입니다. 그렇기 때문에 국가 파산을 막기 위해 중앙은행 입장에서는 필요한 돈을 찍어내면서 이러한 위기를 극복해나갈 것으로 보입니다.

▲　▼　▲

지금처럼 투자의 난이도가 높은 시기는 없는 것 같습니다. 시중에 수없이 돈이 풀려 있지만 연준은 긴축을 무자비하게 행하고 있습니다. 한 치 앞을 내다볼 수 없는 상황에서는 앞으로 어떤 식으로 경제가 흘러갈지 시나리오를 세워볼 필요가 있습니다. 그에 맞춰 우리의 투자 전략도 달라질 수 있기 때문입니다.

▼　▲　▼

PART 4

향후 경기 침체
혹은
경제위기 시나리오

어려운 경제 상황 속에서 부정적인 전망들이 난무하고 있습니다.
비관론이라며 폄하할 필요는 없습니다.
우리는 소수 의견도 존중할 필요가 있습니다.

1장

제각기 엇갈리는
시장 전망

▲　▼　▲

많은 사람들이 "코로나19 경제위기는 예비전이었고, 앞으로 본격적인 경제위기가 터진다"라고 이야기합니다. "지금은 시중에 유동성이 과하게 풀려있기 때문에 이 상황에서 경제위기가 터지면 큰 피해를 입을 수 있다"는 경고를 날리고 있습니다. 또한 2020년 코로나19 경제위기 때 유동성이 과도하게 공급되면서 부채(빚)로 경제가 성장했기 때문에 댐이 한 순간에 무너지듯이 듣도 보도 못한 위기가 온다는 걱정을 하고 있습니다. 그렇지만 미래를 어찌 알 수 있나요? 전문가들도 한 치 앞을 알 수 없는 세상입니다.

2023년 많은 전문가들의 예상과 달리 증시가 V자로 반등하자 많은 기관들이 입장을 바꾸어 경기 침체 확률을 조금씩 낮춰 잡고 있습니다. 2023년 상저하고(上低下高)를 전망했던 전문가들이 이제는 상고하저(上高下低)를 이야기하고 있고, 더 나아가 상고하고(上高下高)를 말하는 사람도 늘어나고 있습니다. 그러나 시기가 늦춰졌을 뿐 경기 침체가 온다는 전망은 다들 유지하고 있습니다.

여전히 부정적인 전망이
지배적이다

　요즘 시장이 급변하는 중입니다. 2022년에는 고물가 상황과 함께 연준의 기준금리 인상이 영원할 것처럼 보였습니다만, 2023년에는 미국에 있는 은행이 파산하면서 금리 동결 및 금리 인하 이야기도 나오고 있습니다. 이와 함께 날고 긴다는 투자 전문가들이 모여 있는 미국 투자은행들 사이에서도 경제 전망에 대한 의견이 제각기 다르고, 게다가 실시간으로 의견을 수정하고 있습니다.

　그렇지만 누가 봐도 현재의 경기는 좋지 않습니다. 미래가 밝지 않아 보이는 것은 사실입니다. 그렇기 때문에 변동성이 큰 상황과 함께 2023년 경제 전망에 대해 대부분의 경제학자, 이코노미스트, 투자은행 등은 경기 침체가 지속될 것이라고 예견하고 있습니다.

> ## 잇따르는 침체 경고… 모건스탠리 CEO
> ## "경기침체 확률 50%"
> [2022.6.14. 출처: 연합뉴스]

> ## JP모간 다이먼 "경제에 폭풍 몰려오고 있다"
> [2022.4.8. 출처: 파이낸셜타임스]

> ## 서머스 "내년 美 경기침체 가능성 70%… 스태그플레이션 조짐"
> [2023.5.2. 출처: 연합인포맥스]

대표적으로 2022년 중반에 모건스탠리의 제임스 고먼 CEO는 "미국의 경기 침체 확률을 기존의 30%에서 50%로 높인다"는 발표를 했습니다. 또한 비슷한 시기에 JP모건의 제이미 다이먼 CEO는 "경제 허리케인이 닥치고 있다"는 발언을 하면서 우리를 불안하게 만들었습니다. 그는 2023년에 실리콘밸리뱅크의 파산이 발생하자 주주들에게 보내는 연례 서한에서 "2008년 같은 위기로 이어지지는 않겠지만 은행 파산이 지속될 수 있고, 위기가 혹시 지나가더라도 여파는 몇 년간 지속될 수 있다"고 말했습니다. 또한 지금의 인플레이션을 미리 예측하면서 유명해진 미국의 전 재무장관 래리 서머스*는 "인플레이션을 낮추는 과정(=금리 인상)이 과거에 거의 그랬던 것처럼 어떤 단계에서는 경기 침체를 가져올 것"이라면서 경기 침체에 대한 위험성을 경고했습니다.

> **래리 서머스**: 빌 클린턴 행정부 때 재무장관을 지내고 현재 하버드대학교 교수로 재직 중인 인물. 2021년부터 인플레이션을 염려하면서 '빠른 금리 인상'을 촉구해 화제가 됨.

일반적으로 연준은 '물가 상승률 2%'를 목표로 기준금리를 조절하고 있습니다. 그렇지만 현재 여전히 미국의 소비가 강하기 때문에 물가 상승세가 지속되고 있는 중이죠. 이는 고금리를 정당화시키는 요소 중 하나로 작용하면서 연준으로 하여금 높은 금리를 유지하게 만들고 있습니다. 그래서 래리 서머스는 "심각한 경기 침체 없이는 연준이 목표로 하는 2% 인플레이션을 달성하기 어렵다"는 전망을 내놨습니다. 하지만 골드만삭스는 "2023년 미국 경제가 심각한 침체가 아닌 연착륙에 그칠 것"이라는 내용의 보고서를 내놨습니다.

골드만삭스의
2023년 경제 전망

    골드만삭스에서 발표한 2023년 경제 전망에 대해 살펴보죠. 골드만삭스는 경기가 소폭 둔화되면서 물가가 자연스럽게 잡히는 연착륙이라는 좁은 길을 전망했습니다. 해당 보고서는 대부분 전문가들의 의견과 다른 희망적인 이야기를 담고 있습니다. 2022년 10월 기준 많은 전문가들은 향후 1년 이내에 미국이 경기 침체에 빠질 확률을 65% 수준으로 전망하고 있지만 골드만삭스는 이보다 훨씬 낮은 35%로 전망하고 있습니다. 그 근거에 대해 골드만삭스는 2022년 말부터 2023년 초까지 몇몇 보고서를 통해 다뤘습니다.

월스트리트 전문가들이 예측하는 경기 침체 확률

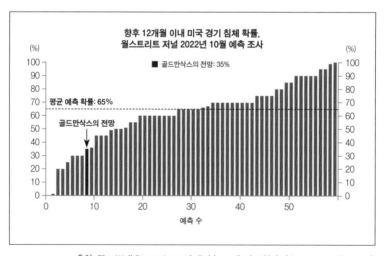

출처: The Wall Street Journal, Goldman Sachs Global Investment Research

코로나19 이후 미국에서 일손이 귀해지면서 노동자들의 임금이 급속도로 상승하는 중입니다. 지금의 물가 상승은 '임금발 인플레이션'이라는 말이 나오고 있죠. 골드만삭스는 2023년에 미국이 저성장을 유지하면서 노동 시장에서의 임금 과열을 억제시킬 수 있고, 이는 지금 시장의 큰 문제인 인플레이션을 낮추어 '연착륙'이라는 좁은 문에 도달할 수 있다는 주장을 하고 있습니다.

현재 문제는 인플레이션입니다. 인플레이션이 너무 높기에 연준에서도 기준금리를 과하게 올렸고, 이로 인해 경기가 급속도로 꺾이는 중입니다. 골드만삭스의 주장대로 인플레이션만 낮아진다면 경제위기를 겪지 않고 지금의 상황을 극복할 수 있을 것으로 보입니다.

골드만삭스의 보고서는 연착륙을 아래와 같이 4단계로 표현하고 있습니다. 하지만 이 책에서는 간단하게 3단계로 요약해보겠습니다.

1단계는 낮은 GDP 성장입니다. 일반적으로 금리 인상의 여파는 1년 후에 나타납니다. 2022년 3월부터 연준이 기준금리를 인상했기 때문에 2023년은 금리 인상의 여파를 겪지 않을까요? 이로 인해 미국은 생각보다 낮은 경제 성장을 보일 수 있습니다. 이는 곧 2단계인 노동 수요의 감소와 3단계인 임금 상승률 둔화로 이어집니다. 저성

장으로 인한 실업률의 상승과 함께 일자리가 크게 줄어들게 되면 노동 시장에서 일자리 공급과 수요의 격차가 노동 시장의 과열을 억제하기 위한 필요 숫자인 220만 개까지 줄어들게 된다는 것입니다.

현재는 일자리 공급과 수요의 격차가 500만 개 수준으로, 수요에 비해 일자리 공급이 부족한 상황입니다. 이로 인해 기업가들은 많은 임금을 주고 노동자를 구할 수밖에 없는 상황이고, 이는 곧 물가 상승을 유발하고 있습니다. 앞으로 이러한 노동 시장의 과열이 진정되면 임금 상승률의 둔화와 함께 인플레이션 역시 자연스럽게 낮아질 것으로 보입니다.

이런 식으로 GDP 성장 둔화, 실업률 상승, 임금 상승률 둔화와 함께 자연스럽게 물가 상승 역시 둔화될 수 있다는 결론에 이르고 있습니다. 이것은 앞서 다뤘었던 연착륙 시나리오와 비슷한 것을 알 수 있습니다.

하지만 역사적으로 봤을 때 연준의 금리 인상 끝에는 늘 위기가 찾

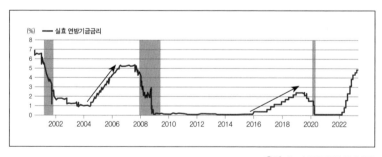

미국의 기준금리 차트(경제위기 상황은 회색 음영친 부분으로 표기)

출처: Fred ECONOMY DATA

아왔습니다. 2008년에는 미국발 서브프라임 경제위기, 2020년에는 코로나19 경제위기가 우리를 찾아왔습니다. 많은 사람들이 "지금은 다르다" "이번에는 위기가 오지 않을 것이다"라는 말을 늘 했지만 그럴 때마다 경제위기는 늘 우리를 강타했었던 기억이 납니다.

하지만 여러 차례 위기를 겪으면서 세계 중앙은행은 이에 대한 대비를 하고 있고, 주요 은행들 역시 자본을 꾸준히 쌓아가면서 체력을 비축하고 있습니다. 그렇기 때문에 이렇게 대세와 다른 골드만삭스의 보고서가 의미가 있을지도 모르겠습니다. 또한 항상 궁지에 몰릴수록 사람들은 희망을 찾으려고 합니다. 그렇기에 이런 보고서는 리뷰해볼 가치가 있어 보입니다.

✻　✤　✻

지금까지 투자는 매우 쉬웠습니다.
하지만 이제는 생각을 조금 바꿀 필요가 있어 보입니다.
'묻지마 투자'에서 '똘똘이 투자'로 생각을 바꿔야 합니다.

✻　✤　✻

2장

지난 40년간 제비용으로 투자를 너무 쉽게 했다

▲　　▼　　▲

　지금은 경제위기가 올 수도 있고, 오지 않을 수도 있는 상황입니다. 매우 애매한 상황입니다. 그래서 전문가들 사이에서도 의견이 엇갈리는 것입니다.

　물론 저는 앞서 소개한 골드만삭스의 보고서처럼 경제위기보다는 약한 경기 침체를 예상하면서 투자를 하고 있습니다. 하지만 한 치 앞을 모르는 세상 속에서 먼 미래의 경제 상황을 무당처럼 미리 예측하고 이에 맞추어 단정적으로 투자하는 것은 매우 어리석은 행동이라 봅니다. 그렇기 때문에 지금은 '과거와는 다른 투자'를 해야 합니다.

　현재는 고금리와 고물가 상황입니다. 이는 우리의 투자자산의 가격을 누를 수 있습니다. 그래서 우리는 금리 이상의 성장을 보이는 자산에 투자해야 하고, 혹시 추후에 투자 환경이 바뀌었을 때 이에 편승해 오를 수 있는 자산들을 모아가는 것이 필요해 보입니다. 이 부분은 뒷장에서 천천히 설명드리겠습니다.

40여 년간의 디플레이션 시대, 과거의 영광은 이제 잊자

지난 40여 년간 우리는 디플레이션 시대에 살았습니다. 즉 돈을 풀어도 인플레이션이 오지 않은 시대에 살았었습니다. 그렇기 때문에 세계 중앙은행은 물가를 끄집어 올리기 위해 마음 편히 돈을 풀었고, 이를 기반으로 투자자산의 가격은 우상향을 그려왔었던 것입니다.

IT버블이 터지면서 급락해버린 나스닥지수(상)와 코스닥지수(하)

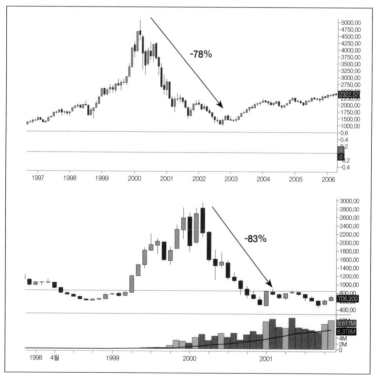

출처: Investing.com

몇몇 예를 들어보겠습니다. 2001년 IT버블 사태를 기억하시나요? 1990년대 후반부터 경기 호황과 함께 증시가 매우 좋았었는데요, 그러다가 2001년에 버블이 터지면서 주가가 급락했었습니다. 당시 나스닥지수가 5,131pt까지 올랐다가 1,108pt까지 내려왔습니다. 고점 대비 78% 하락했습니다. 그리고 한국의 코스닥지수 역시 2,925pt까지 상승했었다가 502pt까지 하락해 83% 하락했습니다. 시장이 급하게 올랐다가 급하게 꺼진 것인데요, 이때 코스닥에 상장된 새롬기술*이라는 종목은 주가 기준으로 6개월 간 150배 이상 오르기도 했습니다.

새롬기술: 1999년 8월 코스닥에 상장해 '무료 인터넷 전화'사업을 내세우면서 6개월 만에 150배 이상의 주가 상승을 보여줌. 현재에는 사명을 '솔본'으로 바꿈. 드라마 <재벌집 막내아들>에서 작전주로 인용되기도 함.

그만큼 당시는 경기 호황과 함께 시중에 풀린 유동성을 기반으로 주가가 오르기 쉬웠었던 분위기였다고 보면 됩니다. 그리고 IT버블을 극복한 이후 2000년대 글로벌 경제 상황이 매우 좋았습니다. 이를 기반으로 시장은 완만한 상승을 기록했고, 그러다가 2008년 서브프라임 경제위기 이후에 다시 시장이 하락하는 모습이 나왔습니다.

과거 경기 호황기 때의 증시 고점과 현재의 주가를 비교해볼까요? 2001년 IT버블이 터지기 직전의 나스닥지수의 고점은 5,131pt로, 그 당시에는 매우 높은 수치였습니다. 2008년 서브프라임 경제위기가 터지기 직전의 나스닥지수 고점은 2,861pt로, 이때에도 높은 수준이었습니다.

그렇다면 현재 나스닥지수는 어느 수준에서 움직이고 있을까요? 물가가 매우 높고 경제가 어렵기 때문에 증시는 밑바닥에서 움직이고 있을까요? 그렇지 않습니다. 현재 나스닥지수는 10,000pt 위에서 움직이고 있습니다. 그래도 많은 사람들은 주식하기 어렵다는 말을 많이 하고 있습니다. 그동안 글로벌 GDP도 꾸준히 커왔고 시중에 유동성이 많이 풀려왔기 때문에 이러한 자금이 증시에 유입되면서 전반적인 증시 상승을 이끌어왔었던 것입니다. 우리는 지난 40년간 유동성에 기반해 '편한 투자'를 해왔던 것입니다.

2023년 5월, 워런 버핏의 단짝 투자자인 찰리 멍거*는 《파이낸셜타임스》와의 인터뷰에서 의미심장한 말을 남겼습니다. 자신(찰리 멍거)과 워런 버핏이 그동안 저금리에 기반해 낮은 주가 가치와 풍부한 기회의 혜택을 누려왔다며 "투자의 황금기는 끝났다. 지금은 과거와 같은 수익을 얻기 매우 어렵다"고 말했습니다.

> **찰리 멍거**: 워런 버핏의 오른팔로 버크셔 해서웨이의 부회장을 역임 중인 인물. 워런 버핏에 비해 중국에 대한 투자를 선호하고 2008년 비야디(BYD)를 매수한 것도 멍거의 권유 때문이라고 함.

찰리 멍거의 말처럼 지난 40여 년간 시장은 풍부한 유동성에 기반해 자산시장을 키워왔습니다. 하지만 지금은 분위기가 바뀌었습니다. 현재의 고물가를 바로잡기에는 매우 힘든 상황이기 때문에 연준에서 유동성을 쉽게 공급해주기엔 어려운 상황입니다. 돈을 풀어도 풀지 않은 척하면서 조금만 풀어줄 가능성이 높습니다. 그러니 과거처럼 '무조건 모든 자산이 오른다'고 생각하면 안 됩니다.

정부의 지원 과정에서 생겨난
좀비기업이 너무 많다

지난 2008년 서브프라임 경제위기 당시, 미국 정부가 리먼브라더스의 파산을 막지 않으면서 경제에 더 큰 문제가 생겼습니다. 결국 리먼브라더스라는 은행 하나의 파산이 다른 여러 기업들의 연쇄부도로 이어졌습니다. 그래서 많은 전문가들은 리먼브라더스의 파산을 교훈으로 삼으면서 부실한 은행 혹은 기업을 파산시킬 바에야 차라리 지원금을 투입하면서 이를 살리려고 노력합니다.

2023년에 발생한 미국의 여러 은행들의 파산 사태를 보면 정부에서 은행을 파산하게 그냥 놔두지 않는 것을 확인할 수 있습니다. 은행을 살리기 위해 정부에서 최대한 지원금을 지원해주고, 그렇지 않으면 다른 은행이 부실한 은행을 인수하게 만듭니다.

수차례에 걸친 경제위기 속에서 부실기업이 속출했으나 단기적인 충격을 걱정한 정부가 공적자금과 금융지원을 쏟아부어 수많은 기업들을 구제해왔었습니다. 중요한 기업이라면 정부에서 지원금을 쏟아부어 구제해야 하는 게 맞지만, 그렇지 못한 기업들이 대부분이기 때문에 정부의 지원 과정에서 수많은 좀비기업*이 탄생했습니다.

이러한 좀비기업은 사회적으로 큰 문제를 낳았습니다. 좀비기업은 정상적인 기업에서 쓰여야 할 인력

> **좀비기업**: 회생할 가능성이 없음에도 정부 또는 채권단의 지원을 받아 간신히 파산을 면하고 있는 기업. 한국에서는 '한계기업'이라는 단어를 사용함.

과 자본을 붙잡고 있을 뿐 아니라 저품질·저가수주 등으로 공정한 시장경쟁 질서를 해쳐 동종업계의 건강한 기업마저 좀비화시키고, 결과적으로 산업 전반의 생산성을 떨어뜨립니다. 더욱이 코로나19 경제위기가 터지면서 전 세계적으로 좀비기업의 수는 더 늘어났습니다.

지난 2년간 저금리 기조로 인해 기업들은 낮은 이자로 대출을 많이 받았고, 좀비기업에 대한 정부의 재정지원 역시 늘어났습니다. 그뿐만 아니라 금융지원 차원에서 만기를 연장해주거나 원금 및 이자를 늦게 상환할 수 있도록 유예하는 조치까지 더해지면서 좀비기업이 빠른 속도로 증가하고 있습니다.

한국의 전체 기업 중에서 좀비기업의 비율 추이를 보면 2021년 기준으로 40.5%까지 늘어난 상황입니다. 즉 기업 10개 중에서 4개는 대출이자 비용을 부담하지 못한다는 뜻입니다. 아직 2022년 수치는 확인하지 못했지만 금리 인상의 여파로 인해 좀비기업의 비율이 늘어났으면 늘어났지 줄어들지는 않았을 것으로 보입니다.

우리나라의 좀비기업 비율

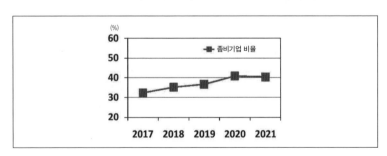

출처: 한국은행

좀비기업은 없어져야 하는 게 맞습니다. 하지만 투자하는 입장에서는 좀비기업만큼 짜릿한 수익을 주는 회사는 없죠. 주식시장을 봐도 좀비기업들은 시가총액이 적기 때문에 흔히 말하는 작전 세력이 주가를 조작하기 쉽습니다. 그래서 많은 개미 투자자들이 이러한 주식에 탑승해 수익을 거두기도 했습니다.

회사채 시장도 마찬가지입니다. 좀비기업은 신용도가 낮기 때문에 회사채를 발행할 때 높은 금리를 줘야 사람들이 좀비기업의 회사채를 삽니다. 많은 사람들이 이러한 좀비기업이 발행하는 채권에 투자해서 상대적으로 높은 위험을 안고 높은 이자를 챙겨오기도 했었습니다.

2008년부터 지금까지 시중에 돈이 워낙 많이 풀리다보니 많은 사람들이 좀비기업을 비롯한 부실한 기업에 투자해 많은 수익을 거뒀습니다. 그리고 비단 좀비기업뿐만 아니라 일반적인 회사들의 주가도 유동성의 파도를 타고 지속적인 상승을 보여줬습니다.

예를 들어 이 정도 매출과 영업이익이 발생하면 주가는 2배 정도 오르는 게 적당해 보이는데, 시중에 과도한 유동성이 공급되면서 2배 이상의 주가 상승이 나온 것입니다. 흔히 '성장주'라는 표현을 쓰죠? 영업이익이 많지는 않지만 앞으로 성장 가능성이 높은 회사들을 시장에서 성장주라고 부릅니다. 그리고 이러한 저금리 분위기는 성장주의 과도한 주가 상승을 불러왔습니다.

미국의 대표적인 성장주로는 테슬라가 있고, 한국에는 네이버와 카카오가 있습니다. 이런 주식들은 시중에 유동성이 과하게 공급되

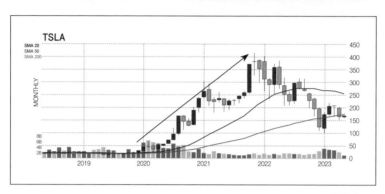

는 시기에 주가가 과도하게 오르는 경향이 있습니다. 실제로 2020년 코로나19 시기에 연준의 무제한 양적완화에 기반해 이러한 성장주들이 급격하게 오르기도 했습니다.

하지만 지금의 분위기는 180도 변했습니다. 지난 40여 년간 지금처럼 연준이 단기간에 기준금리를 올린 적은 없었습니다. 기준금리는 올라가기 시작했고, 각종 정부지원과 금융지원까지 점차 줄어들고 있습니다. 그 결과 기업들 사이에서 옥석 가리기가 이뤄지고 있습니다. 저금리 시대에 낮은 대출이자의 힘으로 겨우겨우 영업을 하고 있었던 좀비기업들이 무너지기 시작했고, 저금리에 기반해 무리한 투자를 감행하면서 사업을 키워왔었던 기업들 역시 성장세가 둔화되기 시작했습니다. 이 과정에서 결국 파산하는 기업들도 많이 생기고 있습니다.

2023년 미국의 실리콘밸리뱅크 파산 문제도 어찌 보면 실리콘밸리에 위치한 기업들의 자금 사정이 안 좋아지면서 시작된 것입니다. 금리가 올라가면 이렇게 약한 고리부터 하나둘씩 무너질 것이고, 이러한 고금리가 오래 유지되면 튼튼한 고리 역시 무너질 수 있습니다.

고금리가 오래 유지된다면 고리들이 와르르 무너질 수 있는데요, 여기에서 하나의 투자 아이디어를 떠올릴 수 있습니다. 이제는 과거처럼 투자자산이라면 모두 오르지는 않을 겁니다. 앞으로 고금리가 오래 유지될 수 있을 텐데, 이런 환경에서 잘 버틸 수 있는 회사 및 자산만 살아남을 수 있을 거라 봅니다. 그리고 이런 환경이 지속되면 시중의 유동성이 생각보다 많이 공급되지 않을 수 있습니다. 그렇기 때문에 유동성의 힘이 구석구석 미치지 않을 수 있겠죠.

예를 들어 아버지가 물을 자식들에게 주면서 "형부터 조금씩 나눠 마셔라"는 말을 했다고 가정해보겠습니다. 물이 아주 많다면 형이 많이 마셨어도 그 아래 동생들이 마실 물이 충분히 남아 있었을 것입니다. 하지만 지금처럼 물의 양이 충분하지 않다면 둘째까지 물을 마셨는데 물이 다 떨어지는 사태가 발생할 수도 있습니다. 아버지는 최선을 다해 자식들에게 물이라는 유동성을 공급해줬는데, 막내에게는 이 물이 미치지 않을 수 있다는 것입니다.

앞으로 흔히 말하는 '똘똘이'만 살아남는 시대가 될 가능성이 높습니다. 우리는 똘똘이에 집중해야 합니다. 그렇기 때문에 우리는 똘똘한 녀석들을 찾아내는 능력을 길러야 합니다.

＊　⌗　＊

파월 연준 의장은 기준금리를 지속적으로 올리고 있습니다.
이제부터는 중앙은행의 유동성 공급에 의존하지 말고,
성장하는 자산과 기업에 투자해야 합니다.

＊　⌗　＊

3장

각자도생의 시대가
눈앞에 펼쳐진다

▲　▼　▲

　　지난 40여 년간 미국의 연준은 늘 우리 편이었습니다. 경기 침체가 발생하거나 경기 침체의 기미가 조금이라도 보이면 연준은 기준금리를 내려주거나 시중에 유동성을 공급하면서 위기에 처한 경제를 살려줬습니다.

　　그런데 상황이 달라졌습니다. 2023년 실리콘밸리뱅크를 비롯해 여러 은행들이 파산하고 있음에도 불구하고 파월 연준 의장은 무서운 표정을 지으며 기준금리를 지속적으로 올리고 있습니다.

　　일반적으로 금리가 높을 때 투자는 매우 어렵습니다. 투자할 때는 금리보다 더 큰 성장을 보여주는 자산에 투자하는 게 원칙이기 때문입니다. 그렇기에 지금의 고금리 환경은 좋은 자산을 발굴하는 작업을 더욱더 어렵게 만들고 있습니다.

우리 편이 아닐 수 있으니
연준을 너무 믿지 말자

이해하기 쉽게 경제를 사람으로 비유해볼까요? 지난 40여 년간 의사선생님은 사람이 조금이라도 아프면 바로 약물 치료를 통해 회복시켜줬습니다. 그리고 혹시 큰 사고라도 나면 바로 병원에 입원시키고 수술도 곧바로 해주었습니다. 그래서 우리는 병을 이겨내고 지금까지 달려왔던 것이죠.

하지만 지금은 상황이 지난 40여 년과는 매우 다릅니다. 우리는 이미 40년 동안 약물 치료와 수술을 너무 많이 받았습니다. 그리고 2020년 코로나19 경제위기가 터졌을 때 너무 큰 수술을 받으면서 부작용까지 생긴 상황입니다. 이 부작용은 아직 남아 있습니다. 그렇기 때문에 이 상황에서 추가적인 약물 치료 및 수술을 하기가 상당히 애매한 상황인 것입니다.

연준도 이것을 너무나 잘 알고 있습니다. 여기에서 수술은 양적완화에, 부작용은 물가 상승에 비유할 수 있습니다.

2023년에 미국의 여러 은행들이 파산하고 있습니다. 이런 분위기라면 연준에서는 당연히 기준금리를 내리고 양적완화를 해주면서 시중에 유동성을 투입해주어야 합니다. 그렇지만 연준이 과거와 달리 이를 못하고 있죠? 오히려 연준은 금리를 내리기는커녕 금리를 유지하면서 시장을 더욱더 옥죄고 있습니다. 그 이유는 2020년 코로나19 경제위기 당시 무제한 양적완화의 부작용으로 물가가 너무 많이 뛰

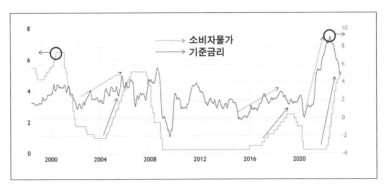

소비자물가지수(yoy)와 기준금리 비교

출처: Tradingeconomics.com

었기 때문입니다. 현재 '고물가'라는 부작용이 아직도 해결되지 않았기 때문에 연준 입장에서도 추가적인 유동성 공급을 하지 못하고 있는 상황입니다.

일반적으로 소비자물가지수가 오르면 연준은 이를 잡기 위해 후행적으로 기준금리를 올립니다. 그리고 반대로 소비자물가지수가 떨어지면 연준은 이를 올리기 위해 후행적으로 기준금리를 내립니다. 그렇지만 지금은 여전히 물가 수준이 높기 때문에 연준 입장에서 본격적인 금리 인하를 망설이는 것입니다.

현재 인플레이션이 정점을 찍고 내려오고 있다는 것은 다들 동의하실 겁니다. 하지만 연준이 목표로 하고 있는 2% 물가를 달성하기에는 여전히 어려워 보입니다. 연준도 2024년 하반기쯤은 되어야 연준이 원하는 물가수준에 도달할 수 있다는 말을 계속 하고 있는 상황입니다.

이러한 상황에서 당장은 연준도 본격적으로 기준금리를 내리기에는 무리라고 보여집니다. 그리고 이러한 고금리 분위기는 투자를 더욱더 어렵게 만들고 있습니다.

지속적인 고금리와 고물가로 양극화는 더욱 심해진다

고금리·고물가 상황이 지속되면 양극화는 심해질 수밖에 없습니다. 물가가 높으니 일반 서민들은 그때그때 생활하기에도 바쁠 것입니다. 그리고 일반 서민들은 대출을 일으켜서 투자를 하고 싶어도 대출금리가 높은 상황이라 투자도 쉽사리 하기가 어려운 상황입니다. 하지만 기존의 부유층은 상황이 다릅니다. 그들은 물가가 올라도 본인의 생활에 큰 타격을 받지 않을 것이고, 대출금리가 높을지라도 감

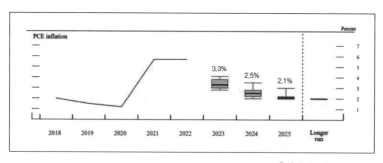

2023년 3월 FOMC에서 나온 향후 물가 전망치

출처: federalreserve.gov

안해서 대출을 받아 투자를 할 수 있습니다. 이렇게 부유층이 사놓은 자산은 추후에 무럭무럭 성장하면서 서민과 부유층 사이의 자산 격차를 더욱더 키울 가능성이 높습니다.

그리고 지금처럼 고금리가 장기간 유지되는 상황에서는 똘똘한 자산이 주목을 받습니다. 부유층은 현금이 많고 대출 여력이 크기 때문에 똘똘한 자산을 쉽게 살 수 있습니다. 하지만 서민들은 투자 자체가 어렵고, 혹시나 무리해서 자산을 샀어도 그 자산이 생각보다 똘똘하지 않을 가능성이 높습니다. 부유층과 서민이 똑같이 투자를 했음에도 불구하고 시간이 흐르면 그 자산의 가치는 엄청나게 벌어질 가능성이 높다는 것입니다.

역사적으로 금리가 오르고 내리는 과정과 함께 경제위기가 오면서 늘 양극화는 심해졌습니다. 하지만 이번은 더 심각합니다. 평소 대비 급하게 기준금리가 올랐고, 생각보다 고금리가 오래 유지될 수 있기 때문에 이런 분위기는 양극화를 더욱 심화시킬 수 있습니다. 그러므로 우리는 똘똘한 자산을 조금이라도 더 사놓는 게 필요해 보입니다.

선진국일수록 양극화가 심해지는 것은 자연스러운 현상입니다. 한국도 선진국 반열에 이미 올랐기 때문에 해가 지날수록 양극화 현상은 심해지고 있습니다. 물론 양극화 현상이 사회 전체적으로는 좋은 방향이 아니지만 수십 년간 양극화 현상이 누적되어 왔고 전 세계적인 현상이므로 이를 해소하기는 쉽지 않아 보입니다. 그렇기 때문에 투자를 하시는 분들은 똘똘한 곳에 조금이라도 본인의 자산을 넣어

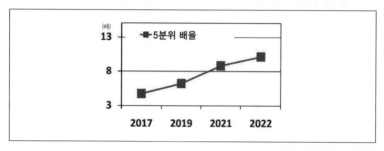

출처: 중앙일보, KB부동산

두는 게 중요해 보입니다.

　아파트를 예시로 들어보겠습니다. 위의 그림은 상위 20% 평균 아파트 값을 하위 20% 평균 가격으로 나눈 값입니다. 시간이 흐를수록 이 값이 증가하는 것을 알 수 있습니다. 하위 20% 아파트 가격은 변동이 없거나 소폭 상승에 그쳤지만, 상위 20% 아파트 가격은 훨씬 많이 상승했다는 것입니다.

　이러한 추세는 쉽게 꺾이기에는 어려워 보입니다. 우리는 이처럼 심화되는 양극화 시대에 대응하기 위해 최대한 똘똘한 자산에 투자할 필요가 있는 것입니다.

미래를 예상하는 것은 거의 불가능에 가깝습니다.
전문가들도 늘 틀리는 일이죠.
그러므로 항상 여러 가지 상황을 가정하고 투자해야 합니다.

4장

유연한 사고방식으로
조심스럽게 투자하자

▲　▼　▲

　투자에 절대적인 것은 없습니다. 골드만삭스는 앞으로 심각한 경기 침체보다 약한 경기 침체를 예상하는 연착륙을 전망했지만 실제로 급속도로 경제 상황이 안 좋아지면서 경제위기가 터질 수도 있는 것입니다.

　실제로 대부분의 전문가들은 2019년 당시에도 미중무역전쟁과 함께 완만한 경기 침체를 예상했었는데, 그때 코로나19라는 보건 바이러스가 갑자기 들이닥치면서 경기가 갑자기 꺾여버렸었죠. 이번에도 마찬가지입니다. 골드만삭스의 예상과 달리 새로운 돌발 변수가 생길 수도 있습니다. 절대적인 예측은 없습니다. 그래서 제가 앞으로 불어닥칠 수 있는 리스크를 간략하게 소개해드리겠습니다.

　물론 우리가 정확한 시기를 예측할 수 없는 전쟁 리스크와 기후 위기는 이 책에서 다루지 않았습니다. 요즘 국제 정세가 복잡해지고 지구 온난화도 심각해지고 있기 때문에 이런 리스크도 항상 고려해야 합니다.

위기는 예고 없이 갑자기 찾아온다

"누구나 아는 위기는 위기가 아니다"라는 말이 있습니다. 널리 알려진 악재에 의해서는 경제위기가 오지 않는다는 말입니다. 과거의 이야기를 한번 해볼까요?

2018~2019년도에 미중무역전쟁이라는 사태는 시장에 큰 악재로 작용하고 있었습니다. 미국과 중국이 싸우다가 진짜 물리적인 전쟁이 발발할 가능성이 높아지면서 이로 인해 '제3차 세계대전'이 일어날 수 있다는 이야기까지 나왔었던 기억이 납니다. 하지만 미중무역전쟁으로 인한 경제위기는 발생하지 않았습니다. 갑작스럽게 중국에서 코로나19 바이러스가 발생하면서 글로벌 경제 시스템을 모두 마비시켜 경제위기로 연결되었던 것입니다.

물론 여기에서 반드시 명심해야 할 것이 하나 있습니다. 경제가 아주 튼튼한 상황에서 코로나19 바이러스가 발생했었다면 경제위기로 연결되지 않을 수도 있었습니다. 하지만 2019년 당시에는 미중무역전쟁으로 인해 경제의 기초 체력이 많이 약해져 있는 상태였고, 2015년부터 이어져온 연준의 금리 인상으로 금융 여건 역시 좋지 않았던 시기였습니다. 그러니까 환경 자체가 불안한 상황에서 새로운 악재가 찾아오니 여기에 시장은 대응하지 못하고 그냥 허망하게 무너져버린 것입니다.

이번에는 최근 이야기를 해볼까요? 2023년에 불거지고 있는 '미국의 은행 파산'과 '상업용 부동산 위기' 같은 문제들은 경제위기를 불러올 수 있을 만한 리스크인 것은 맞습니다. 하지만 이미 알려져 있는 악재이기 때문에 미국 정부 혹은 연준에서 미리미리 대비하고 있지 않을까요? 최근에 은행 파산이 발생하면 정부에서 바로 자금을 지원해주거나 다른 대형은행이 이를 인수해버리면서 이를 수습하고 있습니다. 문제를 미리 알고 있기 때문에 기다렸다가 해결책을 바로 제시하면서 이를 덮어버리는 것입니다.

하지만 이런 정책들은 문제를 근본적으로 해결하는 것이 아닙니다. 이런 식으로 문제를 해결하는 과정에서 미국 경제의 상황은 조금씩 안 좋아지고 있습니다. 그리고 은행이 파산했다가 인수되었다 하는 과정을 반복할수록 상업용 부동산 위기가 점점 수면 위로 드러날 수 있습니다.

지난 수년간 유동성 버블 장세가 펼쳐지면서 미국의 부동산 가격은 급등했습니다. 그러다가 최근에 금리 인상과 경기 둔화가 전개되면서 상업용 부동산의 공실이 늘어났고, 부동산의 가격 역시 급락해버렸습니다.

이렇게 되면 많은 대출을 받아 상업용 부동산에 투자했던 사람들의 손실이 막대할 것입니다. 대출이자 부담은 점점 커지는 중이고, 게다가 기초자산인 부동산 가격 역시 하락해버리니 버티기 힘들 수 있습니다.

또한 상업용 부동산의 공실이 늘어나면 월세수입마저 잃을 수 있어서 손실은 더욱 커지고 있는 중입니다. 상업용 부동산 서비스 회사

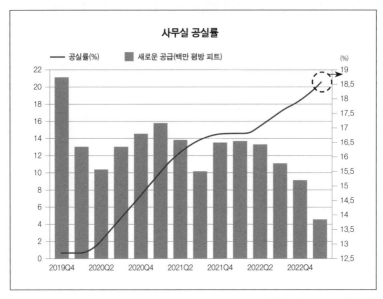

출처: Cushman & Wakefield

인 쿠시먼앤드웨이크필드(Cushman & Wakefield)의 보고서에 따르면 미국 전역 상업용 부동산의 공실률은 2023년 1분기 기준 18.6%로 2019년 4분기 대비 5.9% 높은 것으로 나타났습니다. 그리고 일부 지역에서는 20%가 넘는 지역도 나타나고 있습니다. IT기업이 밀집해 있는 샌프란시스코는 공실률이 25%를 넘었고, 댈러스·LA·시카고 지역 역시 20%가 넘어가는 상황입니다.

결국에는 이러한 부동산을 경매로 넘기거나 아니면 투자자 개인이 파산할 수도 있습니다. 문제는 투자자 개인만 손해를 보고 끝나는게 아니라는 것입니다. 투자자에게 대출을 해줬던 은행은 이런 대출금을 모두 회수하지 못하고 손실로 장부에 기록합니다. 요즘 은행 파산이 문제시되고 있는데, 상업용 부동산의 부실로 인해 은행 파산이 더 가속화될 수 있는 것입니다.

더 큰 문제가 하나 더 있죠. 상업용 부동산에 대출을 해준 비중이 대형은행보다 중소은행이 압도적으로 높다는 것입니다. 최근 뉴스에 대형은행에 문제가 있다는 말은 나오고 있지 않고, 중소은행이 파산한다는 말만 나오고 있습니다. 그런데 이 상황에서 상업용 부동산 문제까지 터져버리면 중소은행들의 파산은 더 가속화될 수 있을 것으로 보입니다.

그래서 중소은행들 역시 위험을 미리미리 제거하기 위해 상업용 부동산 대출 만기가 돌아오면 이를 연장해주지 않고 빨리 회수하고 있습니다. 또한 이것은 투자자 개인 입장에서는 엄청난 부담으로 작용하고 있습니다. 지금 당장은 이런 문제가 경제위기로 연결되지는

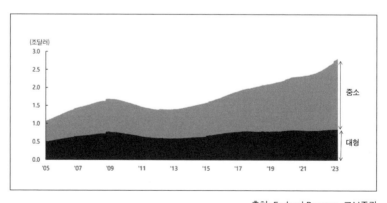

중소은행과 대형은행의 상업용 부동산 대출 비중

출처: Federal Reserve, 교보증권

않을 것으로 보입니다. 하지만 이런 것들이 누적되면 미국 경제의 기초 체력을 약화시킬 수 있고, 이로 인해 다른 악재에 민감하게 반응함으로써 결국 위기가 찾아올 수도 있는 것입니다.

또한 현재 미국의 대형은행은 굳건해 보이지만 이런 악재가 계속 쌓이다 보면 대형은행도 흔들릴 수 있는 것입니다. 과거로 눈을 돌리면, 2008년 당시 서브프라임 문제도 본격적인 경제위기가 터지기 이전부터 있었던 것입니다. 중소은행들이 연쇄적으로 파산할 때는 큰 문제가 되지 않았지만 대형 투자은행인 리먼브라더스가 파산하자 문제로 연결되면서 바로 유동성 문제가 터진 것입니다. 그렇기 때문에 우리는 항상 모든 가능성을 열어놓고 조심스럽게 투자할 필요가 있어 보입니다.

경제를 치료하는 연준은 언제든 말을 바꿀 수 있다

연준은 경제를 치료하는 기관입니다. 이런 막중한 임무를 안고 있는 연준은 요즘 엄청난 고민에 빠져 있습니다. 누가 봐도 미국 경제가 병들어 가는 게 보입니다. 그렇다면 바로 주사를 놓고 입원시켜야 하지 않을까요?

그렇지만 수년간 집중 치료를 했기 때문에 이 상황에서 주사를 몇 방 더 놨다가는 돌이킬 수 없는 부작용으로 경제가 무너질 수도 있습니다. 그래서 연준은 '어떻게 하면 부작용을 최소화하면서 경제를 천천히 치료할 수 있을까?'를 끊임없이 고민하고 있습니다.

　2023년부터 미국의 중소은행들의 파산이 이어지고 있다는 것은 '현재의 기준금리를 금융권에서 견디기 힘들어 한다'는 말일 수도 있습니다. 그리고 일반적으로 금리가 높으면 기업과 개인들에게 좋지는 않습니다. 기업과 개인들은 높은 이자를 지불하면서 대출을 받아야 하기 때문에 그들의 생활 여건에 불리한 것은 사실입니다. 그렇기 때문에 연준 입장에서도 기준금리를 살짝 내려주면서 시장경제를 조금 더 활성화시켜주는 것이 경제 전체에 이로울 것으로 보입니다. 경제에 금리 인하라는 주사를 몇 방 놔주면 모두가 행복할 수 있다는 것입니다.

　그러나 현재 연준은 그렇게 하지 못하고 있습니다. 왜냐하면 아직도 미국의 물가는 높은 수준을 유지하고 있기 때문에 현재의 고물가를 잡기 위해서는 고금리가 아직도 필요한 상황입니다.

미국 GDP 성장률과 근원 소비자물가지수 비교

출처: Tradingeconomics.com

약간 이상하지 않나요? 한쪽에서는 은행의 파산이 이어지고 있지만, 다른 한쪽에서는 물가가 여전히 높은 수준을 유지하고 있습니다. 일반적으로 은행이 파산하고 경제가 어려우면 물가는 떨어지기 마련인데 말입니다.

미국은 역사적으로 GDP 성장률이 둔화되는 구간에서는 근원 소비자물가지수의 상승률도 둔화되었습니다. 하지만 현재는 GDP 성장률은 둔화되었지만 여전히 근원 소비자물가지수는 높은 수준을 유지하고 있습니다. 현재와 같은 기이한 현상은 여러 가지 이유가 있겠지만 기본적으로 여러 원자재와 곡물 가격이 높은 수준을 유지하고 있는 것도 그 원인이 될 수 있고, 미국 국민들의 누적 저축 금액이 상당하고 이를 기반으로 상품에 대한 수요 역시 상당하기 때문인 것도 있습니다.

최근 미국 경제가 어려워지면서 미국의 저축률은 역사상 최저치

미국 저축률

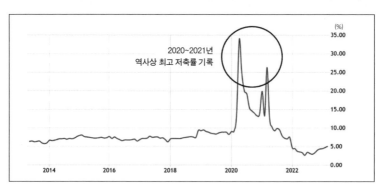

출처: Tradingeconomics.com

로 낮아졌지만 2020~2021년 코로나19 경제위기가 터졌을 때는 과도한 정부의 지원금으로 인해 급속도로 역사상 최고치의 저축률을 기록했습니다. 이때 축적한 누적 저축액으로 인해 여전히 미국은 굳건한 소비를 보여주고 있습니다. 그리고 미국 증시가 여전히 높은 수준을 유지하고 있기 때문에 이를 기반으로 미국인들이 기존의 소비를 이어갈 수 있지 않을까요? 그래서 미국의 물가가 여전히 높은 건 아닐까요?

이런 논리대로라면 경제 성장률이 꺾일지라도 미국의 소비는 예상보다 덜 꺾일 수 있으며, 이로 인해 생각보다 물가는 덜 떨어질 수 있을 것으로 보입니다. 그렇게 되면 연준이 목표로 삼고 있는 2% 물가 목표치를 달성하기가 어렵지 않을까요?

연준은 개인소비지출(Personal Consumption Expenditure, PCE) 물가지수의 전년동월대비 상승률을 타깃으로 정책 금리를 결정합니다. 만약에 물가가 2% 아래로 내려가면 연준은 돈을 풀어 물가를 2% 올

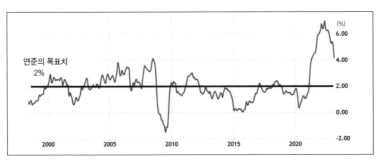

PCE 물가지수

출처: Tradingeconomics.com

리려고 노력하고, 반대로 지금처럼 물가가 2% 위로 올라가면 연준은 금리 인상을 통해 긴축 정책을 펼치면서 물가를 2% 아래로 내리려고 합니다. PCE 물가지수는 코로나19 이전엔 2% 미만을 유지했었지만 글로벌 인플레이션과 함께 2021년에 6.8%까지 치솟았고, 현재는 많이 안정화되었지만 여전히 높은 수준을 그리고 있습니다.

만약에 PCE 물가지수가 어느 정도 안정화되었지만 연준에서 목표로 삼고 있는 2%까지 내려오지 않으면 어떻게 될까요? 연준은 그 상황에서 물가를 잡는다는 명목으로 기준금리를 과연 더 올릴 수 있을까요?

만약 연준이 무리하게 기준금리를 더 올린다면 물가를 잡을 수는 있을 것입니다. 하지만 은행이 심각한 수준으로 파산하고 경제 자체가 무너지면서 연준이 원하지 않은 심각한 경기 침체가 올 가능성도 배제할 수가 없습니다. 그래서 연준은 금리 인상에 매우 신중을 기하는 것입니다.

만약에 정말로 연준에서 금리를 올릴 만큼 다 올렸음에도 불구하고 PCE 물가지수가 2%까지가 내려오지 않으면 연준은 말을 바꿀 수 있습니다. 물가 목표치를 2%가 아닌 3%로 상향 조정하겠다고요.

애당초 2% 물가 목표라는 것은 이론적인 근거에 의해 산출된 게 아닙니다. 과거에 2%의 물가 상승률이 갖춰졌을 때 경제가 이상적으로 성장할 수 있었기 때문에 연준을 비롯한 세계의 여러 중앙은행들이 2% 물가를 목표로 삼고 정책을 결정한 것입니다. 실제로 최근에 물가가 좀처럼 떨어지지 않자 "물가 목표제를 상향 조정해야 한다"

"미국 연방준비제도(Feb·연준)가 인플레이션 2%까지 낮추기 위해 긴축적 통화정책을 고집한다면 고용 등 경제에 미치는 부담은 더욱 커진다. 2%가 아니라 3%로 목표를 조정해야 한다."
[제이슨 퍼먼 미국 하머드대학교 교수]

"현재 미국 물가는 목표치인 2%보다 높아 연준의 신뢰도를 떨어뜨리고 있다. 물가 목표치를 2.5%나 3%로 올리는 것이 나아 보인다."
[데이비드 로머 미국 US버클리 교수]

"(물가 목표 2%는) 완전한 횡포이고 2%까지 빠르게 도달하려는 과정은 가계와 기업엔 더더욱 심한 횡포다."
[조지프 스티글리츠 미국 컬럼비아대학교 교수, 노벨경제학상 수상자]

출처: 서울경제

는 말이 나오고 있습니다. 이렇게 되면 연준은 추가적인 기준금리 인상을 하지 않고도 물가 목표치를 충족시킬 수 있습니다.

혹시 연준에서 물가 목표치를 상향 조정할 경우에는 다음과 같은 코멘트를 할 수 있습니다. "과거와 달리 금융 여건이 달라졌기 때문에 기존의 물가 목표치 2%가 아닌 조금 더 상향 조정함으로써 시장에 보다 적극적으로 대응하겠다." 이런 식으로 말이죠.

이렇게 되면 연준의 힘으로 물가를 잡을 수 없다는 것을 인정한 꼴이기 때문에 당장은 시장에 악재가 될 수 있지만 시장 투자자들은 앞으로 '긴축'이라는 악재를 겪지 않아도 되기 때문에 중장기적으로는 호재로 작용할 수 있습니다. 시기적으로 아직 닥치지는 않았지만

2024년쯤 되면 연준에서는 이 문제에 대해 본격적으로 고민을 할 가능성이 높아 보입니다.

불안한 미래를 대비해 레버리지를 최소화시키자

지금까지 "경제위기가 갑자기 올 수 있다" "연준이 말을 바꿀 수 있다"와 같은 여러 가지 이야기를 드렸습니다. 실제로 많은 투자 전문가들조차도 앞으로의 미래 전망에 대해서는 엇갈린 견해를 보이고 있습니다. 그래서 골드만삭스의 약한 경기 침체 확률 또한 여러 예측 중하나로 보고 대응할 필요가 있습니다. 무조건 '약한 침체가 오고 시장여건이 그저 개선된다'고 믿으면서 낙관적으로 투자할 이유는 없다는것입니다.

그렇기 때문에 우리는 레버리지를 최소화시킬 필요가 있습니다. 즉 대출을 받지 않고 최대한 자기 돈을 가지고 투자할 필요가 있는 것입니다. 그리고 본인의 현금 범위 안에서 원하는 투자를 하는 게지금으로서는 가장 무난한 선택일 것으로 보입니다. 지금 당장은 골드만삭스의 견해를 따라가면서 혹시나 모를 위기의 가능성도 대비하는 관점으로 레버리지를 최소화하는 투자를 여러분들에게 권해드리고 싶습니다.

일반적으로 유동성을 정량화할 때에는 M2 개념을 도입합니다. 그

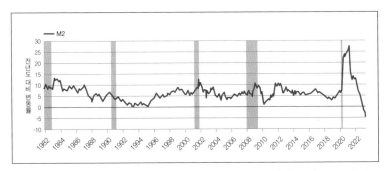

출처: Fred economic data

리고 보통 투자자산의 가격은 M2의 전년동기대비 증감률에 비례해 움직이는 경향이 있습니다. 예를 들어 미국의 경우를 보면 M2가 전년동기대비 늘어나는 구간(=2020년 코로나19 상황)에서는 주식과 부동산이 오르는 모습을 보이고, 반대로 M2가 전년동기대비 감소하는 구간(=2022년 인플레이션)에서는 주식과 부동산이 하락하는 모습을 보입니다. 그렇기 때문에 2022년 때처럼 M2의 증감율이 감소하는 구간에서 투자를 보수적으로 하는 것이 좋습니다.

왜냐하면 지금처럼 고금리와 고물가 구간에서는 경제 상황이 쉽게 나아지기가 어렵기 때문입니다. 그렇다면 중앙은행에서 이런 상황을 타파하기 위해서는 돈을 풀어야 하는데요, 지금은 쉽게 돈을 풀지 못합니다. 게다가 은행의 파산이 이어지면서 은행도 대출을 쉽게 해주지 못하고 있습니다. 이처럼 중앙은행과 시중은행이 모두 돈을 풀지 못하면 M2의 증감률 역시 자연스럽게 감소할 수밖에 없기 때문에 경제가 살아나기가 힘들다고 보면 됩니다.

하지만 명심해야 할 것이 하나 있습니다. 일반적으로 M2의 증감률이 감소할 수는 있지만 M2의 절대적인 수치가 감소하기는 어렵습니다. 역사적으로 경제위기가 오면 중앙은행은 조금이라도 돈을 풀어서 위기를 극복해왔었기 때문에 M2의 절대적인 수치는 늘 증가해왔습니다. 쉽게 말씀드리면 시중 유동성의 총량은 항상 증가하는 방향으로 움직였다는 이야기입니다. 그렇다면 유동성의 힘으로 우리의 투자자산의 가격이 오를 수도 있지 않을까요? 비교적 경기와 관련도가 떨어지는 자산들의 가격이 유동성의 힘으로 오를 수 있지 않을까요? 이 부분은 다음 PART에서 자세히 설명드리겠습니다.

▲ ▼ ▲

앞으로 지금의 고금리가 높게 유지되는 초유의 사태를 우리는 경험하게
될 것입니다. 이럴수록 우리는 조금 더 안정적인 똘똘한 자산에 투자할
필요가 있습니다. 주식도 좋은 투자처가 될 수 있겠지만, 그때그때 좋은
주식들이 지속적으로 바뀌기 때문에 이번 PART 5에서는 다른 자산들을
중심으로 살펴보겠습니다.

▼ ▲ ▼

PART 5

다가올 미래의
유망
투자자산

저성장 시대에는 부동산이 하락한다고 말하는 사람들이 많습니다.
하지만 다른 선진국들의 사례를 보면
꼭 그렇지만은 않아 보입니다.

1장

부동산의 미래,
과연 어떻게 될까?

▲　▼　▲

여기까지 읽으신 분은 "그래서 뭘 사라고?" 하실 수도 있습니다. 그런데 어느 누구도 "○○을 사면 무조건 오른다"라고 대답을 하기엔 어려울 겁니다. 왜냐하면 여러분이 책을 읽고 있는 지금 이 순간에도 경제 상황은 시시각각 변하기 때문입니다.

2022년에 금리 인상을 하더니 2023년에는 금리를 동결했고, 이제는 금리를 내릴 수 있다는 말이 돌고 있는 상황입니다. 경제 상황이 급변하는 만큼 우리의 유망 투자자산도 바뀔 수 있습니다.

지금은 경기 침체 초입 구간입니다. 그렇기 때문에 투자로 수익을 내기에는 매우 어려운 상황이죠. 만약 어떤 자산에 투자를 했다면 손해를 볼 가능성이 높다는 것입니다.

그렇지만 저는 '경제 상황이 좋지 않더라도 상대적으로 수익을 낼 수 있을 만한 자산'을 여러분께 소개해드리겠습니다. 무조건 수익이 난다고 생각하기보다는 상대적으로 다른 투자자산에 비해 선방할 수 있다는 관점으로 바라봐주시면 좋겠습니다.

누구든 내 집 마련은 하고 싶어 한다

어떤 물건의 가격은 수요와 공급에 의해 결정이 됩니다. 수요가 많으면 가격은 올라갈 것이고, 반대로 공급이 많으면 가격은 떨어질 것입니다.

코로나19 이후 주식에 대한 관심이 늘었다고는 하지만 여전히 우리 주변에는 주식을 하지 않은 사람들이 꽤 많이 있습니다. 아무래도 주식투자를 하기 위해서는 어느 정도의 공부가 필요하기 때문에 장벽이 있는 것은 사실입니다. 그렇지만 집은 다릅니다.

우리는 매매든 전세든 월세든 어떠한 형태로든 집을 마련합니다. 결혼을 할 때 가장 많이 듣는 질문 중 하나는 "신혼집은 어디에 구했어요?"입니다. 그리고 어떤 사람을 처음 알아갈 때 듣는 질문 중 하나 역시 "어디에 사세요?"입니다. 그만큼 한국인은 집에 대한 애착이 유난히 강합니다.

게다가 요즘에는 집이 단순한 주거공간을 넘어 하나의 신분과 같은 역할을 합니다. 누구와 대화를 하다가 "강남 살아요"라는 말을 듣게 되면 우리도 모르게 '잘 사는구나' '부자 동네에 살구나' 이런 생각을 하게 됩니다. 그래서 우리는 흔히 말하는 상급지로의 이동을 갈망하는지도 모르겠습니다.

기본적으로 한국인은 부동산에 대한 강한 수요가 기저에 깔려 있습니다. 그리고 한국인에게 있어 내 집 마련은 평생의 목표라고 봐도

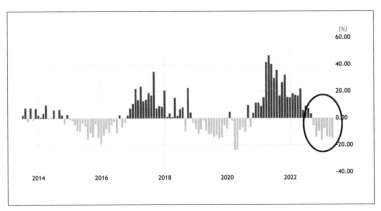

출처: Trading Economics

무방합니다.

그렇지만 많은 사람들이 "이제 한국 부동산은 끝났다"라고 이야기합니다. 부동산 가격이라는 게 기본적으로 그 나라의 경제가 성장해야만 오르는 법입니다. 수십 년간 한국은 수출 기반의 고속 성장을 해왔었는데 2021년부터 한국의 수출이 크게 둔화되기 시작했습니다. 이제는 한국의 수출이 꺾였다고 봐도 무방해 보입니다. 그리고 이러한 수출이 당장 회복될 기미가 보이지 않기도 합니다. 한국의 전년동월대비 수출 금액을 봐도 하락폭이 점점 커지면서 장기간 지속되고 있습니다. 추락하는 수출을 근거로 한국의 고속 성장은 이제 끝났기 때문에 한국 부동산의 가격 상승 역시 이제는 어려울 것이라는 전망이 많습니다.

그렇다면 우리는 성장률이 이미 꺾였었던 다른 선진국의 사례를 확인해보면 알 수 있지 않을까요? 가장 극단적으로 '잃어버린 30년'을 겪고 있는 일본 부동산과 15년간 경기 침체를 겪고 있는 유럽 부동산의 상황을 확인해보면 한국 부동산의 미래를 간접적으로 경험할 수 있을 것으로 보입니다.

수십 년간 침체를 겪고 있는 선진국 부동산의 현 상황

일본은 1990년 버블 붕괴 이후 역성장을 꾸준히 기록 중입니다. 버블 붕괴와 함께 부동산과 주식 같은 투자자산의 가격 하락 역시 함께 나타났습니다. 그래서 2012년 아베 총리는 경기 침체를 극복하기 위해 시중에 엄청난 돈을 풀었습니다. 흔히 말하는 아베노믹스라는 정책으로, 2012년 이후 양적완화를 통해 돈을 풀어서 경기를 살리고자 했었던 것입니다. 하지만 수십 년간 누적된 디플레이션으로 인해 일본 경제는 여전히 살아날 기미가 없는 상황이었습니다. 당시 일본 사람들은 자고 일어나면 물가가 하락하는 상황에 너무 익숙해져 있다 보니 돈을 몇 년 동안 푼다고 해서 이런 디플레이션 심리가 꺾일 리가 없어 보였습니다.

그런데 여기에서 신기한 현상이 발견되었습니다. 아베노믹스 이후의 상황을 보면 GDP는 2011년부터 제자리를 유지하고 있지만 시중에 풀린 유동성을 기반으로 부동산 가격은 꾸준히 상승하는 것을 알

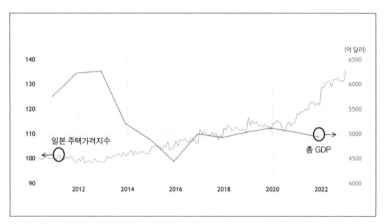

출처: Trading Economics

수 있습니다. 돈을 풀어서 실질 경기 회복에는 기여하지 못했지만, 이렇게 풀린 돈이 주식과 부동산 같은 투자자산으로 유입되면서 수도권 중심으로 부동산 가격이 상승한 것입니다.

이번에는 유럽의 경우를 살펴보겠습니다. 2008년 미국발 서브프라임 경제위기 이후 유럽은 2011년 재정위기를 겪으면서 큰 침체에 빠졌습니다.

이 당시 유럽 또한 수년간 역성장의 늪에 빠지면서 부동산 가격역시 하락했었습니다. 그러자 유럽은 2015년에 양적완화를 도입하면서 시중에 돈을 풀기 시작했습니다. 미국, 일본보다는 늦었지만 뒤늦게라도 돈을 풀면서 경제를 살리고자 노력했던 것입니다.

그 결과 일부 유럽 국가들의 경제는 살아나는 모습을 보였지만 상당수의 국가들은 침체에서 벗어나지 못하면서 유로존 전체적으

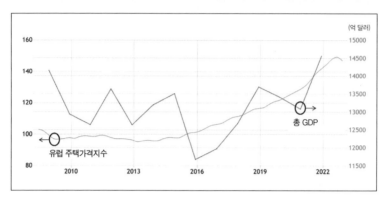

유럽의 GDP와 주택가격지수

출처: Trading Economics

로 약간의 성장만 나오는 상황이었죠. 하지만 유럽의 부동산 가격은 양적완화를 시작한 2015년부터 급격하게 오르기 시작했습니다.

두 사례의 경우를 살펴보면 '경제가 안 좋아질 수 있지만 시중에 돈이 풀리면 부동산 가격은 오를 수 있다'라는 결론에 이르게 됩니다. 그렇지만 돈을 푼다고 해서 모든 나라의 부동산 가격이 올랐던 것은 아닙니다.

유럽의 강자 중 하나인 이탈리아의 경우를 살펴보겠습니다. 이탈리아는 전통적인 유럽의 강대국으로 유명했지만 2011년 남유럽 재정위기*를 크게 겪은 이후 침체의 늪에서 아직까지도 헤어나오지 못하고 있습니다. 게다가 2020년 코로나19

> **남유럽 재정위기:** 2008년에 미국 금융위기가 발생하면서 높아진 국채금리를 감당하지 못한 남유럽 국가들의 재정위기임. 2010년 그리스가 구제금융을 요청하면서 뒤이어 이탈리아와 스페인까지 위기 상황이 전이되었고, 결국 그리스는 2015년 디폴트를 공식 선언.

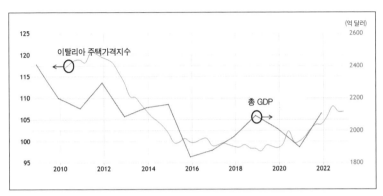

이탈리아의 GDP와 주택가격지수

(억 달러)

출처: Trading Economics

경제위기가 터지면서 여행 산업이 크게 타격을 받아 경제는 더욱더 안 좋아졌습니다. 그래서 2008년부터 현재까지 이탈리아의 GDP와 주택가격지수를 비교해보면 둘 다 똑같이 하향추세를 그리는 것을 알 수 있습니다. 유럽 전체 지역의 흐름과는 다른 모습이죠?

이처럼 여러 국가들의 흐름을 봤을 때 기본적으로 시중에 유동성이 풀리는 것은 주택 가격에 긍정적인 영향을 미치지만, GDP 성장이 어느 정도 받쳐주어야 부동산 가격도 함께 올라간다는 것을 알 수 있습니다. 아무리 시중에 돈이 풀려도 경제 상황이 좋지 않으면 아무도 집을 사려고 하지 않을 것이기 때문입니다. 정부에서 보조금을 지원해준다고 해도 실질적으로 내 월급이 올라야만 부동산에 대한 구매력이 커지기 때문입니다.

반면에 일본은 역성장이 나와도 부동산 가격이 계속 오르고 있는데요, 그것은 일본 중앙은행에서 과도하게 돈을 풀었기 때문으로 보

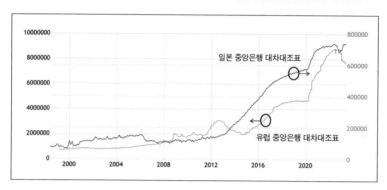

출처: Trading Economics

입니다. 유럽 중앙은행과 일본 중앙은행의 대차대조표를 비교해보겠습니다.

2012년부터 일본은 일정 목표를 가지고 꾸준히 돈을 풀어왔습니다. 미국, 유럽이 돈을 푸는 속도와는 비교할 수 없는 속도로 말이죠. 그렇기 때문에 일본 부동산 가격이 경기 침체에도 불구하고 오르는 것입니다.

그러므로 한국 부동산의 추가 상승을 위해서는 2가지를 확인해야 합니다. 첫 번째는 한국은행이 다른 나라처럼 시중에 돈을 풀 수 있는지에 대한 부분이고, 두 번째는 한국의 GDP 성장이 나타날 수 있는지에 대한 부분입니다.

한국의 부동산은
과연 오를 수 있을까?

우리나라의 화폐인 원화는 기본적으로 기축통화가 아닙니다. 그렇기 때문에 원화를 그냥 마구 찍어낼 수는 없습니다. 어설프게 원화를 찍어냈다가는 물가 폭등이라는 엄청난 부작용을 맞닥뜨릴 수 있기 때문입니다.

그렇지만 한국은행이 무조건 돈을 찍지 못하는 것은 아닙니다. 선진국의 기축통화만큼은 아니지만 한국도 선진국의 반열에 올랐기 때문에 어느 정도는 시장의 신뢰가 쌓여 있습니다. 그리고 꾸준한 무역흑자를 기반으로 약간의 양적완화에 대해서는 어느 정도 시장의 이해가 확인된 상황입니다.

2020년 코로나19 이후 한국은행은 10조 원의 돈을 찍어냈습니다만, 아직까지는 자금 유출이 발생한다든지 환율이 급등하는 등의 문제가 시장에 나타나지 않았습니다.

물론 한국은행은 대놓고 돈을 찍어내지는 못합니다. 2020년 이후 미국 연준은 수천조 원을 찍어냈지만 한국은행은 그에 훨씬 못 미치는 돈을 찍어냈을 뿐입니다. 그래서 첫 번째 질문의 답은, 한국은행은 돈을 많이는 풀지 못하지만 다른 나라의 눈치를 보면서 적당히 풀 수 있다고 말할 수 있습니다.

이번에는 두 번째 질문에 대해 확인해보겠습니다. 이렇게 한국 수출의 역성장이 나오고 있는 상황인데 과연 한국의 GDP는 늘어날 수 있을까요?

글로벌 경기 침체와 함께 한국의 수출 금액은 전년동월대비 −10% 이상 줄어들고 있습니다. 이러한 수출 감소 추세는 지금도 지속되고 있습니다.

그러나 부동산 가격이 영향을 미치는 한국의 GDP 총액은 10%씩 줄어들지는 않습니다. GDP는 소비, 투자, 정부지출, 순수출로 이루어져 있습니다. 순수출은 감소하고 있지만 다른 항목에서 선방하면서 한국의 GDP는 크게 줄어들고 있지 않는 것입니다. 오히려 한국의 GDP는 2021년 2,070조 원 대비 2022년 2,150조 원으로 소폭 증가했습니다. 물론 2023년에는 경기 침체로 인해 GDP의 증가폭이 생각보다 더딜 수 있지만 GDP 측면에서는 지속적으로 성장하는 중입니다. 하지만 과거만큼 폭발적으로 GDP가 성장하는 구간은 지났습니다.

한국의 GDP와 주택가격지수

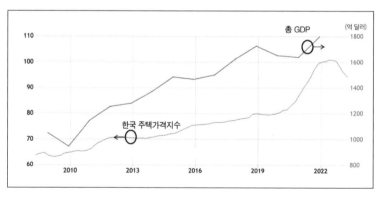

출처: Trading Economics

한국의 GDP를 보면 다른 나라에 비해 특이한 모습을 보여줍니다. 지금까지 보여드린 다른 나라의 GDP는 변동 폭이 꽤 컸습니다. 그렇지만 한국의 GDP는 완만하게 상승하는 모습을 보이고 있습니다. 이에 맞춰 한국의 부동산도 꾸준히 상승해왔던 것입니다. 한국은 비록 기축통화국은 아니지만 반도체를 기반으로 꾸준히 무역 흑자를 기록하는 나라이기 때문에 GDP 역시 꾸준히 늘어났던 것입니다.

하지만 최근에 한국의 자랑인 수출이 무너지고 있습니다. 그렇기 때문에 부동산 가격의 조정이 나왔다고 보여집니다만, 세계가 다 같이 역성장의 늪으로 빠지지 않는 한 한국은 지금의 위기를 딛고 다시 무역 흑자를 기록하지 않을까요? 2023년 약간이지만 무역 흑자를 기록 중이고 2024년에는 안정적인 무역 흑자가 나올 가능성이 높아 보입니다.

현재 수출의 역성장이 나오고 있음에도 불구하고 GDP의 성장이 나오고 있는 상황입니다. 그런데 이 상황에서 수출까지 성장이 나온다면 한국의 GDP는 본격적으로 올라가지 않을까요? 이에 맞춰 부동산도 함께 오를 것입니다.

물론 지금은 고금리와 고물가로 인한 경기 침체 문제로 인해 당장 부동산 가격이 전고점을 뚫고 훨훨 날아가기에는 어려운 구간으로 보입니다만, 이미 고점 대비 30~40% 떨어진 부동산 가격은 접근해볼 만하지 않을까요?

주식과 부동산의 전고점을
역사는 기억한다

주식에서 MDD*라는 용어가 많이 쓰이곤 합니다. 이는 직전 고점 대비 하락률을 나타내는 말로, MDD가 클수록 그만큼 직전 고점 대비 주가가 많이 하락했다는 의미입니다. 그렇다면 우리는 이것을 투자에 어떻게 활용할 수 있을까요?

> **MDD:** Maximum Draw down. 고점 대비 하락률을 나타내는 말로, MDD가 클수록 변동성이 높은 주식이기 때문에 본인의 투자 성향이 보수적이라면 MDD가 작은 종목을 골라야 함.

MDD가 클수록 주가의 변동 폭이 크기 때문에 투자의 난이도는 매우 높아집니다. 보통 테슬라 같은 성장주는 MDD가 큰 편에 속합니다. 반대로 SK텔레콤 같은 배당주의 MDD는 비교적 작은 편에 속합니다. 그렇기 때문에 본인의 투자 포트폴리오를 구성할 때 다양한 범위의 MDD를 지닌 종목들을 혼합해 적당한 수준의 MDD를 맞춰놓는 게 중요합니다.

만약에 MDD가 큰 종목들만 모두 매수했다면 혹시나 모를 하락장이 왔을 때 큰 손실을 볼 수 있습니다. 그렇기에 분산투자가 중요한 것이고, MDD가 다양한 종목들로 분산투자를 해놓아야 합니다.

부동산 이야기를 하다가 주식 이야기로 흘러갔는데요, 주식이든 부동산이든 우상향하는 자산은 쉼 없이 오르지 않습니다. 중간중간에 하락은 무조건 나올 수밖에 없습니다. 하락이 나오는 구간에서 우

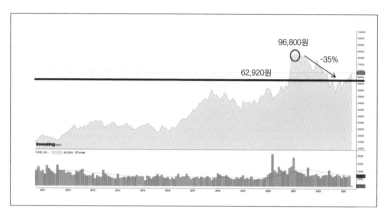

출처: Investing.com

리는 MDD를 확인할 수 있습니다. 그때의 평균적인 MDD를 우리는 기억해두었다가 혹시나 지금의 MDD가 평균적인 MDD만큼 빠졌다면 해당 자산을 매수해볼 수 있지 않을까요?

수십 년간 삼성전자의 평균 MDD는 −35%라고 합니다. 그리고 삼성전자의 직전 고점은 2021년 1월 11에 기록한 96,800원입니다. 만약에 평균적인 삼성전자의 MDD를 적용해 삼성전자의 주가가 고점 대비 35% 하락한 62,920원 아래에 있다면 매수해볼 만하다는 것입니다. 물론 투자에 있어서 고려해야 할 요소는 많기에 62,920원을 절대적인 저점이라고 정의할 수는 없지만 이 가격부터는 MDD 관점에서 적당한 가격으로 볼 수 있기 때문에 이 가격 아래부터는 분할로 매수해볼 만하다는 것입니다.

이것을 부동산에 그대로 적용해보겠습니다. 1997년 말 IMF 경제

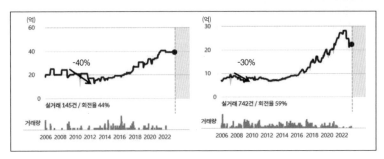

위기는 유례없는 사건이었고 앞으로 나오기 힘든 이슈이기 때문에
IMF 경제위기는 언급드리지 않겠습니다. 그 이후 나온 경제위기로는
2008년 서브프라임 경제위기를 들 수 있습니다. 서브프라임 위기 여
파로 한국의 부동산도 장기 침체에 접어들었었는데요, 2008년부터
2012년까지 한국의 부동산은 대체적으로 고점 대비해 적게는 30%,
많게는 40% 정도 하락했었습니다.

　예를 들어 한국의 대표 상급지 중 하나인 대치동에 위치한 개포우
성1차 아파트를 보면 2008년 서브프라임 당시 MDD가 -40% 정도
를 기록했다가 재차 반등에 성공했습니다. 그리고 반포동에 위치한
반포미도1차 아파트는 2008년 서브프라임 당시 MDD가 -30% 정
도 기록했다가 재차 반등에 성공했습니다.

　많은 사람들은 이렇게 수많은 아파트들의 MDD를 기억하고 있습
니다. 그리고 2022년 인플레이션발 경기 침체 시기 때 수많은 아파
트들이 전고점 대비 30~40% 하락했었죠. 그렇기 때문에 무주택자들

은 이렇게 MDD가 큰 아파트들에 관심을 가져야 합니다.

지난 상승기 때 동탄·인덕원·송도 아파트들이 GTX 호재로 급등했다가 2022년에 큰 조정을 받았습니다. 즉 이 지역의 아파트들은 MDD가 큰 편입니다. 평균적인 부동산의 MDD가 30~40%인 것을 감안하면 이렇게 MDD가 과도하게 커진 아파트들은 내 집 마련을 위해 접근해볼 만하다는 것입니다. 그리고 이러한 기회는 언제든지 올 수 있습니다.

무주택자와 투자자의 시간은 다르게 흘러간다

지금은 무주택자가 실거주 목적으로 집을 매수하기에는 매우 좋은 시기라고 봅니다. 그렇지만 다주택자가 주택을 신규로 매수하기에는 어려운 시기입니다. 왜 그런지에 대해 여기서 간단하게 체크해보겠습니다.

부동산을 100% 현금을 주고 매수하시는 분은 거의 없습니다. 대출을 일으키든, 전세를 끼든, 레버리지를 일으키면서 부동산을 매수하는 게 다반사입니다. 그래서 우리는 이렇게 MDD가 커진 시장에서는 레버리지 효과를 극대화시킬 수 있는 방법을 선택해야 합니다. 이것은 투기를 유도하는 게 아니라 본인이 보유한 자금 이내에서 최대한의 효율을 추구하는 방법입니다.

2023년 1월 5일부터 강남, 서초, 송파, 용산을 제외한 서울의 규제 지역이 일제히 해제되었습니다. 규제지역이 해제되면 기본적으로 주택담보대출을 받을 수 있는 비율이 기존 50%에서 70%로 늘어납니다. 그렇다면 내 집을 마련할 때 실제로 들어갈 수 있는 현금이 2021년 대비해 적어졌다는 것입니다. 게다가 부동산 가격 역시 떨어졌기 때문에 2021년에 내 집 마련을 고민하셨던 분들의 실질 부담 자금은 확 줄어들었을 것입니다.

이해하기 쉽게 예를 들어 설명해보겠습니다. 2021년 서울 동대문구의 어느 아파트 가격이 8억 원이었다고 해보겠습니다. 이 아파트를 구매하기 위해서는 4억 원의 대출을 받을 수 있고, 현금 4억 원이 추가로 필요합니다.

하지만 2023년에 이 아파트는 가격이 30% 떨어져서 5억 6천만 원까지 내려왔다고 해본다면 아파트 가격의 70%인 3억 9,200만 원은 대출받으면 되고, 현금 1억 6,800만 원만 추가로 필요한 상황이 됩니다. 2년 전에 비해 필요한 현금이 58%나 줄어들었습니다. 그렇기 때문에 실거주를 목적으로 부동산을 구매하려는 분들은 2021년에 비해 적은 금액으로 내 집 마련을 할 수 있는 것입니다.

무주택자의 매매 시나리오

	2021년	2023년
부동산 가격	8억 원	5.6억 원
대출 가능 금액	4억 원	3.92억 원
필요한 현금 (=부동산 가격 - 대출 가능 금액)	4억 원	1.68억 원

하지만 다주택자의 경우는 다릅니다. 주택을 2개 보유한 사람이 서울 동대문구에 위치한 부동산을 갭투자로 매수한다고 가정해보겠습니다. 기본적으로 갭투자는 매매가와 전세가의 차이만 지불하고 부동산을 매수하는 방법으로, 매수가가 낮아지면 실질적으로 지불해야 하는 금액이 줄어들면서 갭투자에 유리해집니다. 하지만 2022년에 기준금리와 대출금리가 대폭 상승하면서 전세자금에 대한 대출금리 역시 큰 폭으로 상승했습니다. 그렇기 때문에 사람들의 전세에 대한 수요가 줄어들면서 전세 가격 역시 하락했던 것이었습니다.

앞서 설명드린 서울 동대문구 어느 아파트를 예로 들어보겠습니다. 2021년 이 아파트의 전세 가격은 4억 원이었다고 해보겠습니다. 하지만 전세 자금 대출금리 상승과 함께 전세 가격이 40% 하락하면서 2023년 이 아파트의 전세 가격은 2억 4천만 원까지 떨어진 상황입니다. 그렇다면 투자자는 2021년 해당 아파트를 매수할 때 매수가(8억)와 전세가(4억)의 차이인 4억 원을 지불하면 집을 살 수 있었는데요, 2023년 해당 아파트를 매수할 때는 매수가(5억 6천만 원)와 전세가(2억 4천 만

다주택자의 매매 시나리오

	2021년	2023년
부동산 가격	8억 원	5.6억 원
전세 가격	4억 원	2.4억 원
필요한 현금 **(=부동산 가격 - 전세 가격)**	4억 원	3.2억 원

원)의 차이인 3억 2천만 원을 지불하면 집을 살 수 있는 것입니다.

어떻게 보면 매수가와 전세가의 갭이 줄어들면서 투자하기에 용이하다고 생각할 수 있는데요, 실제로 약간의 투자금이 줄어든 것은 투자자 입장에서 그다지 크게 매력적으로 다가오지 않습니다. 게다가 2015년 부동산 상승장 이전에 서울 요지의 지역을 1억 원으로 매수할 수 있었던 것에 비하면 여전히 지금의 금액은 부담으로 작용할 수 있습니다.

다주택자 입장에서 추가적인 투자를 하기 위해서는 전세가가 조금 더 올라와서 갭이 줄어들어야 합니다. 그래야 조금 더 쉽게 투자할 수 있는 것입니다. 현재 무주택자들은 대출 70%라는 남의 돈(=은행 대출)을 끌어다 쓰면서 집을 매수할 수 있는 반면에 다주택자들은 상대적으로 낮은 전세비율*

40~50%라는 남의 돈을 끌어다 쓰면서 집을 매수해야 하기 때문에 다주택자들의 투자는 효율성 측면에서 상대적으로 불리하다는 말씀을 드리는 것입니다.

> **전세비율:** 전세가를 매매가로 나눈 비율로, 전세비율이 높으면 적은 돈으로 갭투자를 할 수 있기 때문에 투자에 용이함.

그리고 다주택자들의 투자가 힘든 것은 단순히 갭 문제 때문만은 아닙니다. 현재 제도상으로는 2주택자가 세 번째 주택을 매수할 때 취득록세를 8%나 지불해야 합니다. 아직 제도적으로 취득록세 중과가 폐지되지 않은 상태입니다. 그렇기 때문에 다주택자들이 적극적으로 부동산 투자에 나서고 있지 않은 것으로 보입니다.

인구 감소가 바꾼
부동산 투자 방법

2022년 대한민국의 가임 여성 한 명이 낳는 아이의 수는 0.78명이라고 합니다. 쉽게 설명드리면 한 가정에서 평균적으로 0.78명의 아이를 낳는다고 보면 됩니다. 그리고 앞으로 출산율 하락이 이어질 것으로 보입니다. 이런 현상과 함께 한국의 전체 인구는 2020년에 하락하기 시작했고, 앞으로 인구 감소는 사회 전반에 걸쳐 심각한 문제로 작용할 것 같습니다. 그리고 많은 사람들이 인구 감소로 인한 부동산 가격 하락을 이야기하고 있습니다. 아무래도 부동산을 사줄 사람이 줄어든다는 것은 부동산에 대한 수요 감소로 이어지면서 부동산 가격 하락을 유발할 가능성이 높기 때문입니다.

그렇다면 우리는 인구 감소가 먼저 시작된 일본의 경우를 살펴볼 필요가 있어 보입니다. 많은 사람들이 "일본이 이랬으니까 우리도 이럴 거야"라는 말을 하면서 우리도 일본을 따라갈 것이라고 주장합니다. 그렇다면 일본은 언제 인구가 피크를 쳤고 이와 함께 부동산 가격은 어떻게 움직였는지 확인해보겠습니다.

일본은 현재 1억 2천만 명의 인구 대국이지만 수년째 인구 감소가 이어지고 있습니다. 일본의 인구는 2008년에 피크를 찍은 후에 떨어지는 중입니다. 그나마 외국인의 유입이 늘어나면서 일본의 인구 감소 폭이 줄어들고 있지만 여전히 인구가 줄어드는 추세인 것은 분명해 보입니다.

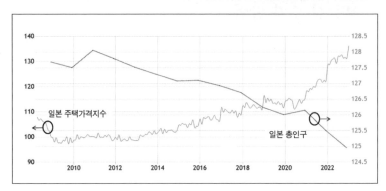

일본의 총 인구와 주택가격지수

출처: Trading Economics

그렇다면 2008년부터 인구 감소와 함께 일본 부동산의 하락은 시작되었을까요? 놀랍게도 일본의 주택가격지수는 2008년부터 하락하기 시작했지만 아베노믹스가 시작된 2012년부터 일본의 주택가격지수는 다시 상승 전환하면서 현재에도 상승추세를 이어가는 중입니다.

오히려 인구보다는 앞서 설명드린 GDP와 유동성에 의해 부동산 가격이 결정된다고 보는 게 더 정확해 보입니다. 2012년에 시작된 아베노믹스로 인해 시장에 돈이 풀리고 경기 둔화가 멈추면서 부동산가격이 반등했다고 봐야겠습니다. 만약 인구에 의해 부동산 가격이 결정된다면, 인구가 절정에 이르렀었던 2008년부터 일본의 부동산 가격은 지속적으로 하락했었어야 했기 때문입니다. 하지만 실제로 그렇지는 않았습니다.

이번에는 일본의 지역별 부동산 가격 변화를 확인해보겠습니다.

일본의 부동산은 1993년에 피크를 치고, 2005년까지 13년간 지속적인 하락을 보여줬습니다. 그러다가 2005년부터 현재까지 횡보 혹은 소폭 상승하는 국면에 돌입했는데, 지역별로는 다른 모습을 보여주고 있습니다.

일본의 수도 도쿄의 부동산 가격은 2005년에 비해 꾸준히 상승하는 모습을 보여주고 있지만, 다른 지역은 생각보다 적은 폭의 상승을

일본의 지역별 주택가격지수

출처: JREI Home Price Indices

보여주고 있습니다. 아무래도 일본의 인구가 2008년을 정점으로 감소하고 있기 때문에 인구가 밀집되어 있는 수도인 도쿄 중심으로 집 값이 상승한 것으로 보입니다. 일본의 전체 인구 중 30%가 수도권에 밀집되어 있는 상황이기 때문에 인구가 감소하는 상황에서도 수도권 중심으로 부동산 가격이 상승했다고 보면 됩니다.

한국은 일본보다 수도권 인구 쏠림이 더 심각합니다. 한국은 전체 인구 중 50%가 수도권에 밀집되어 있습니다. 그렇기 때문에 앞으로 수도권 중심의 부동산 가격 반등이 나오지 않을까요? 지난 상승장에 서 많은 사람들이 지방에 투자를 많이 했었는데, 앞으로 지방보다는 최대한 수도권에 집중적으로 내 집 마련을 하는 게 리스크 관리 측면에서 유리할 것으로 보입니다.

양극화는 부동산에서도 심해질 것입니다.
그렇기 때문에 우리는 비용이 더 들더라도
똘똘한 것을 사야 할 필요가 있습니다.

2장

부동산 투자 시
어디를 사야 할까?

▲ ▼ ▲

과거 1970~1980년대는 그야말로 고속 성장의 시대였습니다. 그렇기 때문에 그때에는 대학을 졸업하면 취업하기가 비교적 쉬웠고, 많은 분들이 지금과 비교하면 상대적으로 취업 걱정을 많이 하지는 않았다고 합니다.

하지만 현재 대한민국의 경제 성장률이 1%대로 급격하게 떨어지면서 대학 졸업 이후 취업의 문이 많이 좁아졌습니다. 한 나라의 경제 성장률이 낮다는 것은 새롭게 창출되는 양질의 일자리 수 자체가 줄어들고 있다는 뜻입니다.

현재의 상황에서 취업하기 위해서는 학점도 좋아야 하고, 어학연수도 다녀와야 하고, 여러 자격증 및 경력도 있어야 합니다. 취업을 위해 보다 많은 준비를 해야 30~40년 전과 비슷한 수준의 일자리를 얻을 수 있습니다.

부동산도 마찬가지입니다. 40년 전 고속 성장의 시기에 대한민국의 부동산 가격이 급격하게 올랐기 때문에 비교적 투자하기에는 쉬웠지만, 지금처럼 저성장 시대에는 투자하기 더욱더 어려워진 것은 사실입니다. 더구나 코로나19 이후 1% 성장에 돌입했고 이를 사람들이 본격적으로 인지하기 시작하면 더욱더 투자하기에 어려워질 것으로 보입니다.

앞서 인구 감소를 이유로 수도권 중심의 부동산 투자를 말씀드렸는데요, 저성장이 앞으로 계속 고착화되면 수도권 중에서도 일자리가 풍부한 곳으로 사람들의 수요가 활발하게 몰릴 것으로 보입니다. 경기 불황에도 불구하고 일본 수도인 도쿄의 부동산 가격이 계속 오르듯 한국 수도인 서울의 부동산 가격 역시 지속적으로 오를 것으로 보입니다.

그리고 흔히 말하는 일자리가 풍부한 경부라인* 중심으로 부동산 가격의 상승이 이어지지 않을까요? 경부라인 주변으로 신규 일자리는 지속적으로 생기는 중입니다. 아마

> **경부라인:** 경부고속도로 주변으로 새로운 산업단지가 조성되면서 이 주변의 부동산이 주목받고 있음. 흔히 말하는 판교, 분당, 광교, 동탄을 경부라인 주변의 신도시라 부름.

우리 사회의 저성장이 지속될수록 다른 지역의 일자리는 계속 사라지는 반면에 경부라인 주변의 일자리는 지속적으로 더 많이 발생될 것입니다.

도대체 경부라인 주변에는 어떠한 일자리 호재가 있길래 다른 지역의 일자리를 흡수하는 것일까요? 경부라인 주변에서 일자리가 집중되는 대표 지역을 몇 군데 살펴보겠습니다.

최근 핫하게 떠오르는
인공지능(AI) 산업

경기도 성남에 위치한 판교가 대표적입니다. 판교테크노밸리를 중심으로 IT 기업들의 입주가 이미 완료되었고 제2, 제3 판교테크노밸리 역시 지어질 예정입니다. 이미 이를 기반으로 판교는 경기도의 새로운 부촌으로 등극했는데요, 특히 앞으로 제조업보다는 인공지능을 비롯한 4차 산업이 향후 먹거리로 주목받을 가능성이 높기 때문에 판교의 일자리 집중도는 점점 심화될 가능성이 큽니다. 이미 카카오를 비롯한 여러 게임 회사들이 판교에 자리를 잡은 상황입니다. 그렇다면 앞으로 판교에 제4, 제5 판교테크노밸리가 생길 수도 있겠죠?

이러한 확장성을 감안하면 판교를 비롯한 이 주변의 부동산 가격에도 큰 영향을 미칠 것으로 보입니다. 기본적으로 판교와 인접해 있는 서판교와 분당이 직접적인 호재지역일 수 있습니다. 서판교는 판교역 서쪽에 위치한 지역을 말하고, 분당은 일반적으로 분당선이 지나가는 야탑역에서 오리역 사이의 지역을 말합니다. 이 두 지역은 판교와 물리적인 거리도 매우 가깝습니다. 그리고 월곶과 판교를 잇는 월판선이 완공되면 서판교와 판교테크노밸리는 지하철 한 정거장이면 접근 가능합니다.

또한 분당은 지하철 신분당선으로 판교와 연결되어 있기 때문에 판교 접근성이 우수한 상황입니다. 게다가 분당에 있는 아파트 대부분이 지어진 지 30년이 넘었습니다. 그렇기에 재건축 이슈가 항상 있습니다.

그러니 분당 대형 아파트를 들고 있으면 향후에는 어지간한 아파트 투자보다 큰 수익률로 보답받을 수 있지 않을까요? 추후에 33평 한 채와 25평 한 채를 받으면서 자식까지 집 걱정 없이 살 수도 있습니다. 물론 이것은 시간이 꽤 많이 소요될 것으로 보입니다.

판교·분당 지도

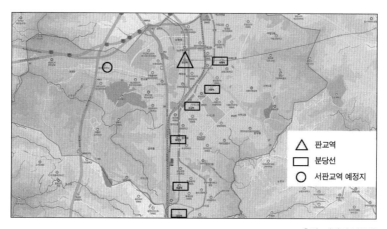

출처: 네이버 부동산

그러나 이미 서판교와 분당의 부동산 가격은 매우 비쌉니다. 그렇기 때문에 우리는 판교와의 접근성이 우수하면서도 부동산 가격이 좀 더 저렴한 지역을 살펴봐야 하는데요, 바로 용인 수지와 흔히 말하는 구성남이 있습니다.

용인 수지는 신분당선이 지나가는 성복역과 수지구청역, 동천역 일대를 일컫습니다. 판교와 물리적인 거리는 있지만 그래도 신분당선을 통해 환승 없이 판교역까지 갈 수 있는 장점이 있습니다. 그리고 수지는 분당과 닮은 점이 꽤 많습니다. 구축 아파트가 많다는 점과 학군이 좋다는 점이 비슷합니다.

그래서 현실적으로 분당에 갈 여력이 없으신 분들이 수지로 많이 이사를 오곤 합니다. 수지는 성복역 주변에 있는 신축 아파트도 좋지만 구축 아파트 역시 좋은 선택지로 보입니다. 만약에 분당에서 재건축과 리모델링이 본격적으로 시작되면 그 다음으로 수지가 주목받을 것으로 보입니다. "분당이 했으니까 그 다음은 수지 아니야?"식의 논리가 시장에 돌면서 수지의 부동산 가격을 탄탄하게 받쳐줄 것으로 보입니다.

수지 지도

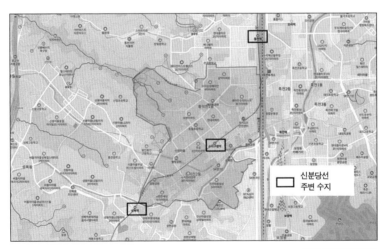

출처: 네이버 부동산

다음으로 구성남을 보겠습니다. 개인적으로 투자하기에는 구성남만한 곳이 없다고 봅니다. 물리적으로 판교와 분당의 바로 위쪽에 위치하고 있고, 자동차로 판교로 접근하기에 무리가 없는 지역입니다. 그리고 지금 추진 중인 8호선 연장선이 완공되면 구성남에서 환승 없이 판교역까지 접근할 수 있습니다. 하지만 현재 동네가 주택 중심으로 이루어져 있고 약간 지저분해 보이는 것은 사실입니다. 그래서 좋은 입지에도 불구하고 상대적으로 집값이 저렴한 것입니다.

앞으로 8호선의 판교 연장을 고려해 구성남은 8호선 주변 중심으로 보면 됩니다. 8호선과의 접근성이 우수한 아파트를 최우선으로 고려해야 합니다. 그리고 이 지역은 아직 재개발을 추진 중인 곳이 많기 때문에 구역 지정이 된 곳의 주택을 매수하는 것도 좋은 방법입

구성남 지도

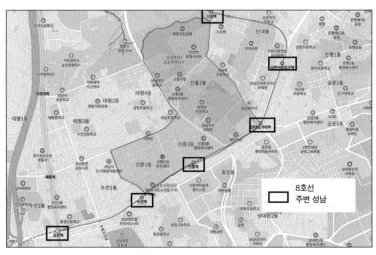

출처: 네이버 부동산

니다. 일반적으로 재개발은 구역이 지정되었을지라도 취소되는 경우도 있지만, 성남 지역은 이 일대가 대규모로 재개발이 되고 있기 때문에 다른 지역에 비해서는 재개발 속도가 빠를 것으로 예상됩니다.

구성남의 또 다른 장점은 서울 접근성이 우수하다는 데 있습니다. 이미 8호선이 깔려 있기 때문에 서울 잠실까지 환승 없이 20분 정도면 갈 수 있습니다. 그렇다는 것은 잠실 옆에 위치한 강남도 구성남에서는 금방 갈 수 있다는 것이고요, 그래서 서울에 직장이 있는 신혼부부들이 실거주 목적으로 이 지역에 집을 많이 사곤 합니다.

대한민국 반도체의 미래는 여전히 밝다

대한민국의 수출 1등 공신은 반도체라는 것을 다들 아실 것으로 봅니다. 그리고 이 중심에는 삼성전자가 자리잡고 있습니다. 용인시 기흥, 화성, 평택의 삼성전자 반도체 라인은 수십만 명의 일자리를 창출하고 있는데요, 삼성전자의 반도체 공장 주변 지역을 잘 보시면 부동산에 투자하는 데 도움이 될 거라 봅니다.

앞서 설명드린 분당과 수지에서 조금만 내려가면 기흥과 화성이 나오기 때문에 분당과 수지 역시 삼성전자 반도체 수혜지라고 볼 수 있습니다. 그리고 가장 대표적인 수혜지는 아무래도 화성시 동탄이 아닐까요?

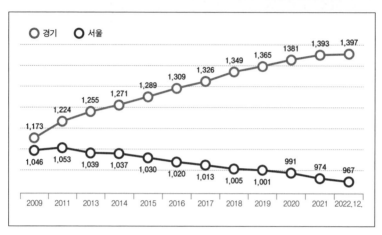

출처: 경기도 홈페이지

  서울은 인구가 지속적으로 줄어들고 있지만 경기도 인구가 2016년 8월 1,300만 명을 돌파한 지 6년 8개월 만에 1,400만 명을 돌파했습니다. 대한민국은 현재 저출산으로 인해 인구가 급격히 감소하고 있지만 경기도는 예외인 것입니다. 2016년 8월 대비 2023년 4월의 인구 증감을 보면 화성(+30.5만 명)이 압도적이고, 그 다음으로 하남시 (+13.4만 명), 김포시(+12.9만 명), 평택시(+12.3만 명), 시흥시(+12.2만 명) 순입니다.

  특히 화성시 동탄이 경기도의 다른 시에 비해 압도적인 인구 증가를 보여주고 있는데요, 아무래도 삼성전자 반도체의 영향 때문으로 보입니다. 사람들이 많이 몰리기 때문에 이들을 위한 교통 및 편의시설의 인프라도 갖춰지면서 부동산 가격 역시 오를 수밖에 없는 상황입니다.

그렇다면 화성 중에서도 동탄 신도시의 부동산은 어느 지역을 중심으로 봐야 할까요? 동탄은 크게 동탄역 주변과 호수공원 주변으로 나눌 수 있습니다. 동탄역 주변에는 SRT역이 있기 때문에 SRT를 타고 서울 삼성역까지 환승 없이 갈 수 있는 장점이 있습니다. 동탄의 최대 단점은 서울과의 물리적 거리가 멀다는 것인데요, 이를 어느 정도 극복해주는 게 바로 SRT입니다.

또한 주변에 쇼핑센터와 공원을 비롯한 여러 편의시설이 많이 있습니다. 그래서 동탄을 볼 때는 동탄역과 최대한 접근성이 우수한 곳을 선택해야 합니다.

동탄역 아래에 위치한 호수공원도 동탄역과의 접근성이 나쁘지 않습니다. 자동차로 동탄대로를 타고 쭉 올라가면 동탄역에 도착할 수 있고, 향후 동탄역과 호수공원 사이에 트램이 착공될 예정이니 트램으로도 쉽게 접근할 수 있습니다. 그리고 호수와 강 주변으로 아파트 및 쇼핑센터가 크게 지어지는 것은 어느 지역이든 마찬가지인데요, 동탄도 예외는 아닙니다. 이미 호수공원 주변으로 아파트와 쇼핑센터가 위치해 있고, 호수 주변으로 쾌적한 생활권이 형성되어 있습니다.

하지만 동탄의 부동산이 비싸다고 생각하시는 분들은 동탄과의 접근성이 우수한 지역을 찾으면 됩니다. 지금까지 설명드린 지역은 동탄 2신도시입니다. 하지만 이미 2007년에 지어진 동탄 1신도시가 동탄 2신도시 바로 왼편에 위치하고 있습니다. 동탄 2신도시에 비해 동탄 1신도시는 상대적으로 구축이기 때문에 부동산 가격이 저렴한 것입니다만, 현금 여력이 부족하신 분들은 동탄 1신도시도 나쁜 선택은 아니라고 봅니다. 그리고 인덕원-동탄선이 완공되면 1신도시와 2신도시는 지하철 한 정거장으로 연결될 수 있기 때문에 동탄 1신도시가 재평가될 여지도 충분히 있어 보입니다. 또한 동탄 1신도시에 있는 대부분의 아파트가 지은 지 15년이 넘었기에 리모델링 이슈도 불어올 수 있습니다.

삼성전자가 용인시 처인구 남사읍 일대에 2042년까지 300조 원을 투자해 반도체 공장을 짓는다는 발표도 동탄의 또 다른 호재입니다. 삼성전자가 반도체 공장을 지을 이곳은 동탄 2신도시 오른편에 위치

동탄 지도

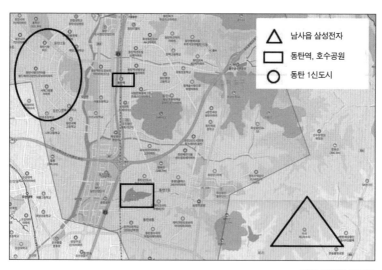

출처: 네이버 부동산

2040년 총인구 상위 5개 시군			
순위	시군	총인구	구성비
1	화성시	1,225,950명	8.3%
2	수원시	1.191,201명	8.1%
3	용인시	1,179,372명	8.0%
4	고양시	1,118,751명	7.6%
5	성남시	853,261명	5.8%

출처: 경기도 홈페이지

한 지역입니다. 삼성전자의 이번 반도체 투자의 가장 큰 수혜지는 동탄이 될 가능성이 높아 보입니다. 그만큼 동탄은 인구 유입의 요소가 많은 지역이라 보면 됩니다.

경기도 인구조사 통계에서 저출산으로 인해 2035년 이후부터는 도내 모든 시군이 1% 미만의 저조한 인구증가율을 보이겠지만, 2040년부터 현재 경기도 내 인구수 4위인 화성이 수원을 제치고 1위로 올라설 것이라고 예측했습니다. 그만큼 동탄으로의 인구 집중은 지속될 것으로 보입니다.

그리고 동탄 아래에는 평택 고덕신도시가 있습니다. 고덕신도시는 지하철 1호선 서정리역과 지제역 주변을 일컫는데요, 평택에 삼성전자가 들어오면서 이와 함께 개발된 지역입니다. 평택의 다른 지역은 낙후되어 있지만 삼성전자 주변은 계획적으로 개발되었기 때문에 매우 깔끔하고 다른 지역에 비해 부동산 가격이 높게 형성되어 있습

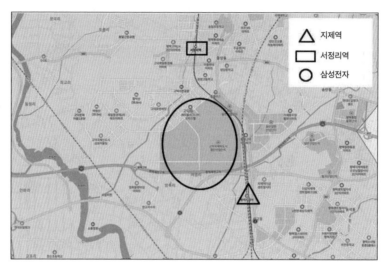

출처: 네이버 부동산

니다.

　평택은 경기 남부에서는 동탄 다음으로 높은 인구증가율을 기록 중인데, 그만큼 삼성전자를 기반으로 빠르게 성장하고 있는 도시라고 보면 됩니다. 그리고 평택의 반도체라인은 아직 건설 중입니다. 동탄과 함께 시너지 효과를 내면서 평택 역시 같이 성장할 것으로 보입니다.

　다만 개인적으로 판단해봤을 때 동탄도 서울과의 물리적인 거리가 먼 편인데 평택은 서울과의 물리적인 거리가 아무래도 더 멀죠? 그렇기에 이 지역은 동탄에 비해서는 상승 여력이 상대적으로 떨어질 것으로 보입니다.

부동산의 방향성,
한국 부동산의 미래는?

지금까지의 이야기를 종합해보면 부동산 가격은 어느 정도 바닥을 다졌다고 말씀드릴 수 있습니다. 그런데 어떤 사람들은 "지금의 반등은 단순히 데드캣바운스*일 뿐이

> **데드캣바운스**: '죽은 고양이도 높은 곳에서 떨어지면 튀어 오른다'라는 월가의 격언으로, 본격적인 하락 이전의 일시적인 반등을 가리키는 표현임.

다"라는 말을 하면서 지금 경제가 너무 어렵기 때문에 부동산 가격이 오를 수 없다는 말만 되풀이합니다.

실제로 2008년 서브프라임 경제위기를 맞이하면서 한국 부동산이 전체적으로 하락하기 시작했습니다. 그리고 2010년에 반등 장이 다시 찾아왔었죠. 그런데 이때의 반등은 진짜 반등이 아니었습니다. 단지 일시적 반등이었을 뿐입니다. 그 이후 2011년부터 2013년까지의 한국 부동산은 장기 침체를 보여줬었습니다.

그래서 많은 사람들이 "지금의 부동산 반등도 일시적이다! 조심하자!"라는 말을 하고 있습니다. 하지만 미래를 누가 예측할 수 있을까요? 과거와 똑같이 흘러갈 것이라고 누가 장담할 수 있을까요? 미래는 아무도 모르기 때문에 무주택자분들은 고점 대비 30~40% 하락한 가격이라면 적당히 내 집 마련을 하시면 좋다는 의견을 드리고 있는 겁니다.

그리고 앞서 설명드렸듯이 한국의 GDP가 미약하지만 여전히 상

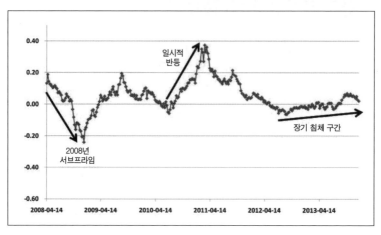

서울 아파트의 전주 대비 상승률

일시적
반등

2008년
서브프라임

장기 침체 구간

출처: KB리브온

승하는 모습을 보여주고 있고, 시중에 유동성이 꾸준히 풀리는 추세이기 때문에 부동산 가격이 다시 급락하기에는 쉽지 않아 보입니다. 그렇기 때문에 다시 시장이 급락하기를 기대하는 것보다는 무주택자분들은 여력이 되는 한도 내에서 내 집 마련을 해보는 것이 어떨까요? 이왕이면 급매를 잘 찾는 것도 좋습니다.

물론 지금의 경제 성장 동력을 봤을 때 부동산 가격이 전 고점을 돌파하면서 지속적인 상승 흐름으로 가기에는 당장은 어려워 보입니다. 그렇기 때문에 많은 대출을 떠안고 무리해서 부동산을 매수하는 것은 좋지 않습니다. 다만 물가는 계속해서 오르고, 이와 함께 부동산 가격 역시 장기간으로 봤을 때 오르는 것은 어쩔 수 없다고 봅니다. 그렇기에 무주택자분들은 레버리지 부담을 최소화하는 선에서 부동산 한 채를 들고 가면서 인플레이션을 헤지하는 것도 좋은 선택입니다.

그렇지만 유주택자분들은 입장이 다르죠. 앞서 설명드린 대로 투자자들은 부동산 추가 매수가 그리 좋은 선택이 아닐 수 있습니다. 어차피 투자자들은 매매가와 전세가의 차이를 지불하고 부동산을 매수합니다. 지금은 전세가가 많이 떨어져 있는 상황이기 때문에 기본적으로 전세가가 다시 상승하기를 기다려야 할 것으로 보입니다. 그리고 이와 함께 추후에 금리도 낮아지고 정부의 규제가 풀린다면 보다 투자하기에 좋은 상황이 올 것으로 기대됩니다.

✖ ✕ ✖

마지막을 암호화폐로 장식해보겠습니다.
혹시 암호화폐에 부정적인 선입견이 있으시다면
잠시만 내려놓고 봐주시면 감사하겠습니다.

✖ ✕ ✖

3장

암호화폐는
새로운 트렌드다

앞 장에서 한국의 부동산이 당장 전 고점을 돌파하기에는 어려워 보이지만 장기적으로 봤을 때 우상향하는 모습을 보여줄 가능성이 높기 때문에 무주택자분들은 고점 대비 부동산 가격이 30~40% 하락했을 때 한 채 정도는 들고 가야 한다는 의견을 드렸습니다. 그래야 인플레이션을 어느 정도 헤지할 수 있기 때문이죠. 그리고 되도록 이면 서울 지역과 경부라인을 중심으로 내 집 마련을 하자는 이야기도 드렸었죠.

그렇지만 아파트는 가격이 매우 비쌉니다. 사회 초년생이 내 집 마련을 하기 위해서는 많은 금액이 필요합니다. 그렇다면 우리는 비교적 소액으로 할 수 있는 투자처가 필요하지 않을까요? 저는 그것이 바로 비트코인과 이더리움을 비롯한 암호화폐라고 생각합니다. '암호화폐=폰지사기'라는 인식이 아직도 강하기 때문에 이 부분을 천천히 풀어가보겠습니다.

새로운 투자자산으로 떠오른 암호화폐

'부동산 이야기를 하다가 갑자기 암호화폐?' 이런 생각이 드실 수도 있습니다. 그리고 '암호화폐는 사기 아니야?' 이런 생각을 대부분 하실 수도 있습니다. 그렇지만 암호화폐는 꽤 오랜 기간 사람들의 관심을 받으면서 지속적으로 우상향하고 있습니다.

암호화폐 중 가장 대표적인 것으로 비트코인을 들 수 있습니다. 비트코인은 2008년 10월 사토시 나카모토*에 의해 「Bitcoin: A peer to peer electronic cash system」이라

> **사토시 나카모토:** 비트코인 개발자로 알려진 인물. 본인은 스스로 1975년생 일본인이라고 주장하고 있지만 정체가 밝혀지지 않음.

는 논문으로 처음 공개되었습니다. 그 이후 비트코인은 2009년 1월 3일에 공식적으로 출시되었는데, 그렇다면 그때 당시 가격은 얼마 정도였을까요?

2010년 중반 이전에는 비트코인의 표준 가격을 찾기 어렵습니다. 그 이유는 오늘날과 같은 거래소도 없었고, 사람들 사이의 직접 거래도 없었기 때문입니다. 하지만 지금과 비교해 비트코인의 가격을 상대적으로 알 수 있는 이벤트가 하나 있었습니다. 혹시 비트코인 피자 데이라는 이벤트를 아시나요?

2010년 5월 22일 미국 플로리다에 사는 프로그래머 '라스즐로 핸예츠'가 1만 비트코인으로 파파존스 피자 두 판을 구매한 데서 비트

코인 피자데이는 유래되었습니다. 당시 핸예츠가 구매한 피자 두 판의 가격은 30달러였습니다. 30달러어치의 피자를 1만 비트코인으로 샀다는 것에 놀라지 않을 수가 없는데요, 그때 당시 1비트코인을 0.003달러의 가치로 평가했던 것입니다. 2023년 5월 28일 기준으로 비트코인이 3,600만 원에서 움직이는 것을 반영하면 피자 한 판에 1,800억 원짜리인 피자를 먹은 것입니다. 아마 역사상 가장 비싼 피자이지 않을까 싶습니다.

이 이야기는 비트코인 세계에서 전설로 남아 있습니다. 가장 비싼 피자를 구매한 것은 둘째 치고 현실에서 가상 화폐를 사용해 무언가를 구매한 것이 역사상 처음이었기 때문입니다.

그 이후 비트코인 가격은 오르락내리락하다가 2021년 11월 10일에 6만 9천 달러까지 올라갔습니다. 대략 12년 만에 0.003달러에서 6만 9천 달러까지 오른 것입니다. 단일 투자자산이 12년 동안 2,300만 배 오를 수가 있을까요? 여기에서 주목해야 할 점은 단기간에 2,300만 배 올랐다는 것보다 12년 동안 꾸준히 올랐다는 사실입니다.

많은 사람들이 비트코인은 사기라고 주장하는데요, 장기간 이렇게 많은 사람들의 관심을 받으면서 꾸준히 올랐다는 것은 그만큼 비트코인을 향한 사람들의 수요가 강하다는 걸 뜻합니다. 무언가 알 수는 없지만 수요가 꾸준히 존재하고 있는 것입니다. 그리고 비트코인의 가격이 꾸준히 오르면서 뒤늦게 나타난 다른 암호화폐인 이더리움, 리플, 폴리곤, 도지코인 등의 여러 가상 자산 역시 사람들의 주목을 받고 있습니다.

부동산과 암호화폐는
같은 방향으로 움직인다

저는 비트코인을 서울 부동산에 비유하곤 합니다. 그만큼 비트코인이 좋다고 생각합니다.

서울 부동산의 특징은 어떤 게 있을까요? 기본적으로 서울에는 일자리가 풍부하고, 인프라도 잘 갖춰져 있습니다. 그렇기 때문에 누구나 서울에 살고 싶어 합니다. 그래서 서울 부동산 가격이 비싼 것이겠죠. 그렇지만 서울의 특징은 하나 더 있습니다. 부동산을 개발할 땅 자체가 서울엔 부족하기 때문에 이로 인해 부동산 공급량에 제한이 있다는 것입니다. 그에 비해 지방은 아파트를 지을 땅 자체가 넘쳐나기 때문에 집이 부족한 경우 그냥 빈 땅에 집을 지으면 그만입니다. 그렇지만 서울은 그렇지 않죠. 수요-공급 법칙에 의해 서울 부동산의 공급은 제한적이기 때문에 서울의 부동산 가격은 꾸준히 오르는 것입니다.

암호화폐를 대표하는 비트코인 역시 공급량이 2,100만 개로 제한되어 있습니다. 더 찍어내고 싶어도 이미 백서*에서 발행량이 2,100만 개로 딱 정해져 있기 때문에 공급량이 한정된 상태입니다.

만약에 여러분이 비트코인 1개를 보유하고 있다면 전 세계적으로 퍼져 있는 비트코인의 2,100만분의

> **백서:** 암호화폐 발행 기업에서 해당 화폐의 특징과 장점 등 전반적인 상황에 대해 기술한 문서로, 암호화폐에 장기 투자하는 사람이라면 백서를 꼭 읽어봐야 함.

1을 소유하고 있는 것입니다. 우리가 전 세계 부동산의 2,100만분의 1을 소유하는 것은 거의 불가능에 가까울 수 있겠지만 비트코인의 2,100만분의 1을 소유하는 것은 조금만 노력하면 가능하지 않을까요? 그래서 상대적으로 부동산에 비해 비트코인이 투자하기에 조금 더 용이한 것입니다. 전 세계적으로 수많은 투자자산이 있지만 비트코인처럼 공급량이 제한되어 있고 이렇게 꾸준히 오르는 자산은 거의 없다고 봅니다.

보통 비트코인과 금을 많이 비교하곤 합니다. 비트코인을 '디지털 금'이라고 부르기도 하죠. 그렇지만 금조차도 공급량이 매년 꾸준히 늘어나고 있습니다.

2020년 기준으로 채굴된 금은 무려 20만 톤에 이르렀고, 매년 2,500~3,000톤 정도 신규로 채굴되는 중입니다. 그리고 우리가 모두 선호하는 서울 부동산 역시 다른 지역에 비해 공급이 적다는 것이지 매년 꾸준히 아파트 공급은 이뤄지고 있습니다.

서울 부동산 공급량

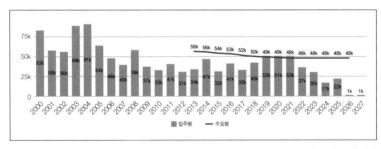

출처: 부동산 지인

다른 자산을 조금 더 볼까요? 우리가 안전자산으로 생각하는 국채를 보면, 미국 재무부에서는 안전자산으로 불리는 국채를 꾸준히 발행하면서 공급량을 늘리고 있습니다. 한국 국채도 역시 마찬가지입니다. 공급량이 전혀 제한되어 있지 않습니다. 그리고 많은 사람들이 비교적 쉽게 투자하고 있는 주식은 유상증자를 통해 공급량을 손쉽게 늘릴 수 있습니다. 그렇지만 우량한 회사들은 유상증자를 좀처럼 하지 않기 때문에 공급량을 어느 정도 제한한다고 볼 수 있지만, 개별 기업의 주가는 세계 경제 상황에 따라 흔들릴 수 있습니다. 2020년처럼 코로나19 이후 급격한 경기 회복이 나오면 주가는 급등할 수 있지만, 반대로 2022년처럼 인플레이션으로 인한 경기 침체가 발생하면 주가는 하락할 수도 있습니다.

이번 PART 5를 시작할 때 말씀드렸듯이 경기 변동에 최대한 영향을 덜 받는 자산을 소개해드리는 게 목적이기 때문에 우량주식은 배제하고 설명을 이어가겠습니다. 만약에 경기가 회복된다면 우량주식 역시 최우선 투자처가 될 수 있을 것으로 보입니다. 여하튼 2008년 양적완화 이후 시중에 돈이 많이 풀렸고, 2020년 무제한 양적완화 이후엔 시중에 돈이 더 많이 풀렸습니다. 이로 인해 갈 곳 없는 유동성이 비트코인에도 많이 고인 상황입니다. 비트코인은 발행량이 제한되어 있기 때문에 공급문제로 인해 가치가 떨어질 가능성이 거의 없습니다. 그렇기에 시중의 과도한 유동성이 비트코인으로 많이 모였다고 보면 됩니다.

많은 사람들이 "비트코인은 화폐가 될 수 없다"라는 이야기를 하면서 가치를 폄하하곤 합니다. 그런데 굳이 비트코인을 화폐로 여길 필요가 있을까요? 2010년에 피자 두 판을 결제한 적이 있다고 해서 '비트코인은 화폐다'라는 인식을 가질 필요가 있을까요?

금 이야기를 잠깐 해볼까요? 실물 금은 아무런 가치가 없습니다. 과거에는 금이 화폐로 쓰였지만, 지금은 그렇지 않습니다. 금을 가지고 있으면 배당이 나오지 않고요, 그냥 아름다운 광물을 하나 지니고 있을 뿐입니다. 그렇지만 금은 상대적으로 공급량이 제한되어 있다는 이유로 지금까지 꾸준히 우상향을 보여주고 있습니다. 비트코인도 비슷한 관점으로 보면 됩니다.

비트코인을 굳이 화폐에 적용할 필요는 없습니다. 그냥 공급량이 제한되었는데 사람들의 수요가 꾸준히 존재하는 자산으로 보면 됩니다. 여기까지 보시면 공급량이 제한되었다는 데는 다들 동의할거라 봅니다. 그렇지만 과연 비트코인의 수요가 더 늘어날 수 있을까요? 여기에는 찬반이 엇갈립니다.

당장은 아니지만
강달러의 시대는 끝나간다

우리가 보통 투자를 할 때 A라는 자산에 영향을 미치는 요소를 미리 체크하곤 합니다. 여러 요소들을 체크한 이후에 흐름이 좋으면 혹은 앞으로 좋아질 것 같으면 그때서야 우리는 A라는 자산에 투자를 결정합니다. 예를 들어 부동산 가격에 영향을 미치는 요소가 매우 많지만 저는 GDP와 유동성을 가장 큰 요소로 꼽아드렸었는데요, 만약에 GDP도 오르는 추세이고 유동성도 공급되는 추세라면 부동산에 투자를 하지 않을 이유가 없겠죠?

그렇다면 여기에서 이런 생각이 드실 수 있을 겁니다. '도대체 무엇이 비트코인 가격에 영향을 미칠까요? 공급적인 측면은 제한되어 있으니 어떤 점이 비트코인의 수요에 영향을 미칠까요?' 복잡한 투자 세상을 하나로 단정 지어 설명드릴 수는 없겠지만 그래도 한마디로 정의드리면 "달러와 비트코인은 반대로 갑니다"라고 할 수 있습니다. 갑자기 비트코인 이야기를 하다가 달러까지 나오니 머리가 아플 수도 있겠는데요, 최대한 달러에 대해 쉽게 풀어 설명드리면서 이 둘을 이어보겠습니다.

중앙은행이 결정하는 기준금리는 일종의 돈의 가치라고 볼 수 있습니다. 2020년 3월 코로나19 경제위기가 터지자 연준은 기준금리를 0%로 내렸습니다. 미국 화폐인 달러의 가치를 강제로 내렸다고 보시면 됩니다. 그리고 이와 함께 무제한 양적완화를 시행했는데요, 무제한으로 달러를 찍어내어 시중에 있는 국채를 매입했습니다. 그러면서 시중에 달러가 무제한으로 풀려나갔었죠. 다른 말로 하면 시중에 달러의 공급량이 늘어났다는 것이고, 공급 증가를 반영해 달러의 가치는 급락해버렸습니다. 종합하면 2020년 3월에는 금리 인하와 무제한 양적완화로 인해 달러의 가치가 떨어졌던 시기였습니다.

그래서 이러한 유동성의 힘으로 비트코인이 3,800달러에서 6만

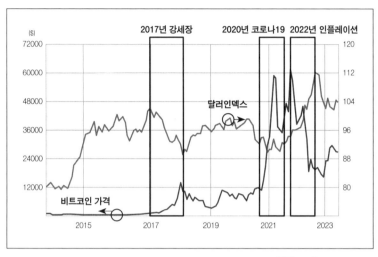

출처: Trading Economics

9천 달러까지 1년 8개월 만에 1,700%가 올랐습니다. 반대로 2022년 3월부터 연준은 기준금리를 꾸준히 올렸습니다. 금리가 올라가면서 이런 식으로 돈의 가치가 높아지니 달러의 가치 역시 함께 올라갔습니다. 그리고 연준은 이와 함께 매월 950억 달러 규모의 양적긴축을 단행했습니다.

쉽게 설명드리면, 시중에 있는 달러를 연준에서 흡수했다고 보시면 됩니다. 이것은 달러 입장에서 보면 달러의 공급량을 줄이는 행동이기 때문에 달러의 가치 상승을 불러왔습니다. 그래서 비트코인 가격을 보면 2021년 11월에 6만 9천 달러에서 2022년 11월에 1만 5천 달러까지 떨어졌습니다. 1년 동안 78%가 빠졌습니다.

두 사건만 보면 비트코인은 달러와 반대로 움직이는 것을 알 수 있습니다. 그런데 예시가 약간 부족하다는 생각이 드는데요, 다른 사건을 하나 추가로 살펴볼까요? 2022년 금리 인상 사이클 이전의 2015년 금리 인상 사이클을 체크해보겠습니다. 과거 연준은 2015년 12월부터 2018년 12월까지 3년 동안 기준금리를 0%에서 2.25%로 꾸준히 올렸습니다.

그렇지만 금리를 올리는 구간에 무조건 달러가 함께 오르지는 않았습니다. 연준에서 금리 인상을 미리 예고했었기 때문에 금리를 올리기 전에 달러가 선반영해 상승한 것도 있고요, 오히려 2017년에는 금리 인상에도 불구하고 달러인덱스는 급락했습니다. 당시 옐런 연준 의장이 금리 인상 속도 조절을 할 수 있다는 발언을 했고, 실제로 급격한 긴축을 피했기 때문입니다.

일반적으로 금리 인상과 양적긴축은 거의 동시에 이뤄지는데, 2015년 12월에 첫 금리 인상을 하고 약 2년이 지난 2017년 10월쯤 연준은 양적긴축을 시작했습니다. 나름대로 연준은 과도한 긴축을 하지 않았습니다. 그래서 시장에서는 어느 정도 안도의 한숨을 내쉬고 달러의 하락과 함께 비트코인이 상승했습니다. 아마도 국내에는 비트코인이 2017년에 많이 알려졌을 겁니다. 실은 저도 그때 처음으로 비트코인 거래를 했었습니다.

무조건적이지는 않지만 대체적으로 달러와 비트코인은 반대로 움직입니다. 만약에 달러가 내려가면 비트코인에 대한 수요가 증가할 수 있는 것입니다. 그렇다면 미래가 중요하지 않을까요? 만약에 앞으로 달러가 오른다면 비트코인은 반대로 떨어질 수 있는 것이고, 달러가 떨어진다면 비트코인은 반대로 오를 수 있는 것입니다.

개인적으로는 중장기적으로 봤을 때 달러는 떨어질 것으로 판단합니다. 미국이라는 나라는 달러를 꾸준히 풀어가면서 나라를 운영할 수밖에 없는 상황입니다. 2020년 코로나19 경제위기, 2023년 실리콘밸리뱅크 파산처럼 위기가 발생하면 대량으로 달러를 찍어내면서 위기를 극복했었고, 위기가 발생하지 않더라도 매년 꾸준히 적자국채를 발행하면서 나라를 운영하고 있습니다. 그리고 이러한 적자국채를 일반 투자자들이 사줄 수도 있지만, 만약에 여의치 않으면 최종 대부자인 연준이 돈을 찍어내어 사주기도 합니다. 이런 식으로 달러는 계속 공급될 수밖에 없고, 이렇게 자국 내에 공급된 달러는 무역적자와 함께 세계로 퍼져나가는 중입니다.

예를 들어 한국의 제품을 미국에서 사주면 미국은 무역적자를 보게 되지만 미국의 달러가 한국으로 공급되는 식으로 전 세계적으로 달러가 퍼져나가는 효과가 발생하게 됩니다. 미국은 이런 식으로 지금까지 달러를 공급하면서 글로벌 패권을 장악해왔었던 것입니다. 앞으로 미국이 글로벌 패권을 유지하기 위해서는 지금과 비슷한 패턴을 꾸준히 보여줄 것으로 보입니다.

그렇다고 해서 달러의 가치가 0으로 떨어지는 것은 아닙니다. 전 세계적으로 달러의 수요가 있기 때문에 달러의 가치는 꾸준히 유지될 것으로 보이지만, 점진적으로 전고점을 낮추면서 추세적인 우하향을 보여줄 가능성이 높다고 봅니다.

그렇기 때문에 달러에 반대되는 비트코인을 모아가는 전략은 충분히 유효하다고 봅니다. 비슷한 관점으로 금 역시 좋은 투자처지만 비트코인이 상대적으로 매매하기 편하기 때문에 저는 비트코인을 선호하는 편입니다. 요즘에는 국내 거래소인 업비트, 빗썸을 통해 비트코인을 쉽게 사고팔 수 있습니다.

비트코인은
언제 사야 할까?

비트코인은 언제 사야 할까요? 앞서 부동산은 전고점을 기억하고 있기 때문에 무주택자의 경우에 전고점 대비 30~40% 하락한 가격이면 부담이 없다고 했습니다. 그렇다면 비트코인은 과거에 어떤 흐름을 보여줬을까요? 과거에 전고점 대비 어느 정도 하락한 이후에 반등하는 모습을 보여줬을까요?

첫 번째 영역인 2017년을 보겠습니다. 이때 미국 연준에서 긴축에 대한 속도 조절을 하면서 비트코인이 2017년 12월 1만 9,798달러까지 올랐었습니다. 하지만 그 이후 연준의 추가적인 금리 인상이 이어지고 양적긴축도 시작되자 시장에서 부담을 느끼면서 결국 2018년 12월 3,156달러까지 떨어졌는데, 이는 고점 대비 84% 하락한 수준입니다. 그리고 나서 연준의 금리 인상 중단이라는 이벤트와 함께 비트코인은 다시 반등에 성공했습니다.

이번에는 두 번째 영역인 2019년을 보겠습니다. 금리 인상 중단과

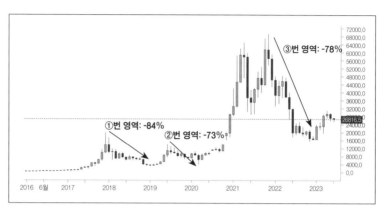

비트코인 1, 2, 3번 영역에서의 가격 하락 폭

③번 영역: -78%

①번 영역: -84%

②번 영역: -73%

출처: Investing.com

함께 비트코인은 2019년 6월에 1만 3,970달러까지 반등했지만 경기둔화와 코로나19 경제위기를 맞이하면서 2020년 3월에 3,782달러까지 하락해 고점 대비 73%의 하락을 보여줬습니다. 그러고 나서 연준의 무제한 양적완화와 금리 인하로 인해 비트코인은 다시 급등을 시작했습니다.

마지막으로 세 번째 영역인 2021년을 보겠습니다. 2021년과 2022년은 최악의 한 해였는데요, 2022년 시작된 연준의 금리 인상, 루나 사태, FTX 파산을 맞닥뜨리면서 비트코인은 하염없이 폭락했습니다. 2021년 11월에 비트코인은 6만 9천 달러에서 78% 하락한 이후 현재 어느 정도 반등한 상황입니다.

이 3가지 경우를 보면 대체적으로 비트코인은 73%에서 84%까지 하락을 보여준 이후에 늘 강한 반등을 보여왔었습니다. 그렇다면 누군가가 이런 질문을 할 수도 있을 것 같습니다. '지금 비트코인도 언제든지 80% 정도는 하락할 수 있지 않을까요?'

맞는 말입니다. 만약에 골드만삭스에서 주장하는 연착륙이라는 좁은 길로 경기가 움직인다면 비트코인은 완만한 우상향을 그려줄 가능성이 높아 보이지만, 급격한 경기 침체가 온다면 많은 사람들이 주장하는 80%의 하락은 언제든지 올 수 있습니다. 그렇기 때문에 지금은 꾸준히 분할로 비트코인을 모아가는 전략이 낫다고 봅니다. 다만 앞서 설명드렸듯 개인적으로는 경기 상황에 대해 연착륙이라는 좁은 길을 기대하고 있기 때문에 비트코인 역시 이에 맞춰 완만한 우상향을 그려줄 가능성이 높다고 봅니다.

비트코인 반감기인 2024년이 다가오고 있다

비트코인을 투자하는 분들이라면 반감기라는 말을 한 번쯤은 들어보셨을 겁니다. 반감기는 일반적으로 '어떤 물질이 반으로 감소하는 데 걸리는 시간'을 의미합니다. 그렇다면 비트코인 반감기는 도대체 무슨 말일까요?

비트코인 반감기에 대해 이해하기 전에 비트코인의 공급량에 대해 먼저 알 필요가 있습니다. 비트코인의 공급량은 2,100만 개로 정해져 있는 상황인데요, 2,100만 개가 시장에 모두 풀려있는 것이 아

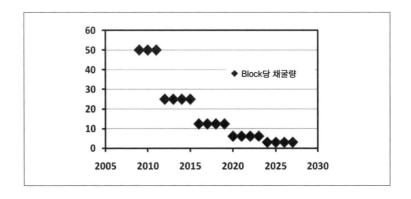

님니다. 2008년 비트코인이 처음 만들어졌을 때 10분마다 50개의 비트코인이 채굴되도록 설계되었습니다. 그러니 10분마다 시중에 유통되는 비트코인의 공급량이 늘어난다고 이해하시면 편합니다. 그리고 일반적으로 반감기인 4년이라는 시간이 지나면 비트코인의 채굴량이 반으로 줄어드는데요, 2012년, 2016년, 2020년, 2024년… 이런 식으로 4년이 지나면 비트코인의 채굴량이 반으로 줄어듭니다. 2023년 현재는 세 번째 반감기인 2020년이 지난 시기로, 10분당 비트코인을 6.25개 채굴할 수 있습니다.

그렇다면 비트코인 반감기는 우리의 투자와 어떤 상관성이 있을까요? 반감기를 통과하는 4년마다 시중에 풀리는 비트코인의 공급량이 줄어들게 됩니다. 2019년에는 10분마다 12.5개의 비트코인을 채굴할 수 있었다면, 2020년에는 10분마다 그 절반인 6.25개의 비트코인만 채굴할 수 있습니다. 그렇기 때문에 사람들은 반감기가 지날 때마다 비트코인이 조금 더 희소하다고 생각하면서 이에 대한 가치를 더 높게 평가합니다. 이로 인해 반감기 전후로 비트코인의 가격 상승이 발생합니다. 통계적으로 반감기 해당 년도와 반감기 다음 년도에 비트코인의 가격이 수천 퍼센트나 급등했습니다.

예를 들어 비트코인 반감기가 있었던 2020년의 가격 변화에 대해 살펴보겠습니다. 반감기 해당 년도인 2020년과 다음 년도인 2021년은 비트코인이 3,850달러에서 6,900달러로 1,692%나 급등했습니다. 다른 기간을 볼까요? 2012년 반감기 때에는 2012~2013년 2년 동안에 무려 2만 8,900%의 가격 상승이 나왔습니다. 그리고 2016년 반감기 때는 2016~2017년 2년 동안에 5,486%의 가격 상승이 나왔습니다.

비트코인 반감기 때의 가격 상승률

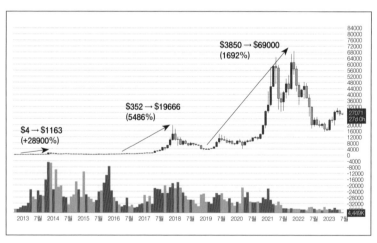

출처: TradingView

그렇다면 우리는 다음 반감기 때를 미리 알면 비트코인 투자로 쉽게 수익을 거둘 수 있지 않을까요? 다음 반감기는 2024년 4월 말로 예정되어 있습니다. 지금까지의 패턴에 의하면 2024년부터 2025년까지 큰일만 없다면 비트코인의 가격 상승은 무난히 진행될 것으로 보입니다. 하지만 세상에 공짜는 없죠. 비트코인 투자에는 여러 리스크가 있습니다.

비트코인 가격은 2012년 반감기 전후로 28,900%의 상승, 2016년 반감기 전후로 5,486%의 상승, 2020년 반감기 전후로 1,692%의 상승이 나왔습니다. 시간이 갈수록 점점 상승률이 줄어들고 있어서 2024년 반감기 전후로 상승폭은 1,692%보다는 낮게 나올 가능성이 매우 높습니다.

아무래도 반감기를 상승의 재료로 사용하는 사람들이 늘어나다 보니 반감기의 영향성이 줄어드는 것으로 보이고 시간이 흐르면서 암호화폐에 투자하는 사람이 늘어나 수익률 역시 감소하는 것으로 보입니다. 주식시장에서 그러하지만, 암호화폐에서도 개미 투자자들이 몰리면 수익률 자체는 줄어들겠죠?

다른 리스크는 앞서 제가 설명드렸듯이 경기 침체 문제입니다. 지금 경제는 골드만삭스가 말한 좁은 길에서 움직이고 있는데 만약에 예상과 달리 경제가 무너지게 되면 암호화폐 역시 같이 무너질 수 있습니다. 만약에 위기가 오면 유동성에 가장 민감한 암호화폐가 가장 큰 타격을 받을 수 있기 때문에 이 점을 염두에 두면서 투자하시기 바랍니다.

이더리움은
디플레이션 자산이다

비트코인은 공급량이 제한되어 있다는 측면에서 매우 매력적인 자산입니다. 하지만 비트코인을 제외한 대부분의 암호화폐는 공급량이 꾸준히 늘어나고 있습니다. 여러 암호화폐 재단 측에서는 "아직 산업 초창기 단계이기 때문에 코인을 계속 발행하면서 생태계 확산을 먼저 할 필요가 있습니다"라는 평계를 대면서 코인을 지속적으로 발행하는 중입니다. 주식으로 따지면 주식 수를 늘리는 유상증자를 주기적으로 한다고 보시면 됩니다. 이렇게 되면 암호화폐의 가치는 지속적으로 떨어질 수밖에 없습니다. 다만 암호화폐에 대한 사람들의 수요가 늘어날 수 있기 때문에 수요 증가로 인한 가격 상승은 기대할 수 있는 것이겠죠.

어떻게 보면 비트코인도 공급을 꾸준히 하고 있는 암호화폐입니다. 반감기를 지나면서 공급량이 줄어들기는 하지만 지금도 10분당 6.5개의 비트코인이 꾸준히 채굴되는 중입니다. 다만 다음 반감기인 2024년 4월이 지나면 채굴량이 그 절반인 3.25개로 줄어들면서 공급량이 제한된다는 측면에서 비트코인이 보다 매력적인 투자자산인 것입니다.

그렇다면 암호화폐 중에서 공급량이 계속 줄어드는 것은 없을까요? 주식에 비유하자면 주식 소각이 주기적으로 발생하는 것은 없을까요? 있습니다. 그것은 바로 암호화폐 시가총액 2위인 이더리움이

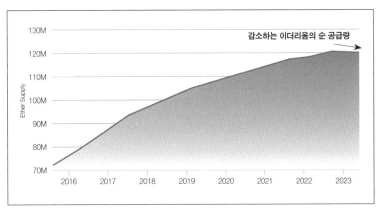

출처: EtherScan

라는 코인입니다.

원래 이더리움은 발행량이 꾸준히 늘어나는 암호화폐였습니다. 현재 이더리움 채굴이 어렵지만 2022년 기준 주변에 코인을 채굴하는 사람이 있었다면 그들은 대부분 이더리움을 채굴하고 있었을 것입니다. 그렇기 때문에 이더리움의 공급량은 누구보다도 빠르게 늘어나는 추세였습니다.

그렇지만 2022년부터 이더리움의 공급량이 줄어들기 시작했는데요, 소량이지만 꾸준히 공급량이 늘어나는 비트코인과는 다른 길을 걷기 시작한 것입니다. 이더리움의 공급량 감소를 설명하기 위해서는 꽤 어려운 개념들을 도입해야 하는데요, 이 책은 암호화폐 전문 서적이 아니라 단순히 '암호화폐는 투자할 만한 가치가 있다'라는 개념을 설명드리기 위한 책이니 여기에서는 최대한 쉽고 간결하게 설명드리겠습니다.

이더리움은 지금도 꾸준히 공급량이 늘어나고 있습니다. 하지만 이더리움 재단은 꾸준한 업그레이드를 통해 이더리움을 공급량 이상의 속도로 빠르게 소각하고 있습니다. 그리고 2023년 4월 샤펠라 업그레이드*를 통해 이더리움 소각 시스템을 완전히 구축하면서 이더리움은 디플레이션 자산으로 재탄생되었습니다.

> **샤펠라 업그레이드:** 샤펠라는 상하이와 카펠라의 합성어로, 두 개의 네트워크 업그레이드가 동시에 이루어짐. 이를 통해 기존 스테이킹된 이더리움의 출금이 가능해졌고 가스비(수수료) 역시 대폭 낮춰짐.

공급량이 실시간으로 감소한다는 것은 투자 측면에서 매력적으로 보일 수 있습니다. 예를 들어 서울의 오래된 아파트가 지속적으로 철거되는 중이라면 남아 있는 아파트들의 가치는 계속 상승하지 않을까요? 우리는 이처럼 이더리움의 순 공급량이 지속적으로 줄어드는 점을 긍정적으로 볼 수 있습니다.

그런데 중요한 게 하나 더 있습니다. 이렇게 공급량이 줄어드는 점은 좋지만 사람들의 수요가 없다면 소용없지 않을까요? 예를 들어 외딴섬에 있는 오래된 아파트가 지속적으로 철거되는 중이라면 어떤 생각이 드나요? 아무 생각이 안 들지 않을까요? 이처럼 이더리움의 공급량 감소에 맞춰서 이더리움이 우리에게 정말 필요한 자산인지 알아보는 것이 중요합니다.

이더리움은 비트코인에 이어 암호화폐 시가총액 2위 자리를 오랫동안 유지해 왔습니다. 이것 하나만 봤을 때 '이더리움에 대한 수요

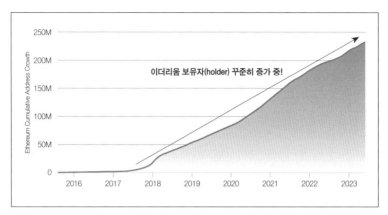

이더리움 보유자(holder) 꾸준히 증가 중!

출처: EtherScan

가 어느 정도 뒷받침되어 있다'라고 생각할 수 있습니다. 이더리움은 스마트 컨트랙트, 디파이와 관련해 꾸준한 수요가 있지만 직관적으로 NFT* 발행 및 구매할 때 우리는

> **NFT:** Non-fungible Token. 블록체인 기술을 이용해 디지털 자산의 소유를 증명하는 가상의 토큰. NFT를 발행할 때 이더리움이 주로 사용됨.

이더리움 플랫폼에서 이더리움을 사용합니다. NFT의 발행 대부분이 이더리움을 통해서 이뤄지는 중입니다. 물론 최근에 솔라나, 폴리곤과 같은 이더리움을 대체할 만한 암호화폐가 떠오르는 중이지만 여전히 이더리움의 지갑 수는 꾸준히 늘어나는 중입니다. 이것을 통해 우리는 이더리움에 대한 수요가 여전히 증가 중이라는 것을 알 수 있습니다.

암호화폐는 가까이서 보면 비극,
멀리서 보면 희극!

암호화폐는 비교적 적은 금액으로 투자할 수 있고, 화폐 공급량에 비례해 움직인다는 측면에서 봤을 때 매력적인 투자자산임은 분명합니다. 또한 암호화폐는 매매하기가 매우 편합니다. 간단하게 거래소 어플을 통해 몇 번만 클릭하면 누구나 쉽게 매매할 수 있습니다. 여러 가지 신고가 필요하고 돈이 많이 들어가는 부동산 거래에 비하면 매우 편하게 매매할 수 있습니다.

그렇지만 암호화폐는 가치를 결정하는 기초자산이 불분명하다는 단점이 있습니다. 주식의 가격은 기업의 이익에 기반해 움직입니다. 부동산 가격 역시 그 나라의 경제 상황 및 통화량에 기반해 움직이죠. 그렇지만 "암호화폐는 무엇에 따라 오르락내리락할까요?"라는 질문을 받으면 쉽게 대답할 수 있는 사람이 많지 않을 것입니다.

기본적으로 암호화폐는 통화량에 기반해 움직이고, 무엇보다도 사람들의 합의에 기반해 가격이 움직입니다. 비트코인은 공급량이 제한되어 있고 '이것은 모아갈 만하다'라는 사람들의 암묵적인 합의가 있기 때문에 가격이 유지되는 것입니다.

어떤 자산의 기반이 될 수 있을 만한 비트코인의 영업이익 같은 건 존재하지 않습니다. 그렇기에 암호화폐를 부정하는 사람들은 이를 '폰지 사기'라고 부르기도 합니다. 이런 애매한 기초자산을 지니고 있기에 암호화폐는 변동성이 매우 큰 편입니다.

만약에 경제위기가 오거나 경기가 크게 흔들리면 암호화폐의 가격은 폭락할 수 있습니다. 2022년 인플레이션 시기에 비트코인이 고점 대비 78%나 하락하기도 했습니다. 암호화폐 중에서 가장 시가총액이 크고 투자 가치가 가장 높다는 비트코인이 고점 대비 78%나 하락했다면 90% 이상 폭락한 소형 코인은 널렸다는 뜻입니다. 그만큼 암호화폐는 경제 상황에 매우 민감하게 반응합니다. 그렇기 때문에 타이밍을 잘못 맞춰 투자하게 되면 큰 손실을 볼 수밖에 없습니다.

암호화폐를 가까이서 보면 비극입니다. 하지만 비트코인은 폭등과 폭락을 거듭하면서 10년 이상 우상향하는 자산입니다. 그러니 장기적인 관점으로 보면 우리에게 수익을 안겨줄 게 분명해 보입니다. 우리는 2024년 비트코인 반감기를 앞두고 있습니다. 또한 이미 인플레이션 위기를 한 차례 넘겼기에 어느 정도 안심할 만하지 않을까요?

*

앞으로 우리에게 경기 침체라는 문제가 찾아올 수도 있고, 안 찾아올 수도 있습니다. 그만큼 우리는 불확실한 시대에 살고 있습니다.

골드만삭스가 말하는 약한 경기 침체는 이미 여러 투자자산의 가격에 반영되어 있다고 봅니다. 만약에 심각한 경기 침체만 찾아오지 않으면 우리의 투자자산은 완만한 상승을 이어갈 가능성이 높아 보입니다. 그리고 혹시나 심각한 경기 침체가 찾아온다고 해도 자산들은 조정 이후 다시 올라갈 가능성이 있다고 봅니다.

부동산은 심리전이다

박원갑 박사의 부동산 심리 수업
박원갑 지음 | 값 19,800원

부동산 대표 전문가인 박원갑 박사가 부동산과 심리를 쉽고 재미있게 엮은 책을 냈다. 부동산시장의 변동성은 시장 참여자들의 불안 심리에 비례한다. 이에 저자는 부동산시장을 움직이는 사람들의 내면 작용을 다각도로 분석했다. 부동산시장은 공급과 정책 외에도 인간 심리를 함께 읽어야 제대로 보인다. 저자가 제안하는 편향에 빠지지 않는 올바른 부동산 생각법을 체화한다면 어떤 상황에서도 합리적인 선택을 할 수 있을 것이다.

성공 주식투자를 위한 네이버 증권 100% 활용법

네이버 증권으로 주식투자하는 법
백영 지음 | 값 25,000원

이 책은 성공적인 주식투자를 위한 네이버 증권 100% 활용법을 알려준다. 주식투자 어렵지 않다. 네이버를 통해 뉴스를 접한 후 네이버 증권으로 종목을 찾아 투자하고, 네이버 증권에서 제공하는 차트로 타이밍에 맞춰 매매하면, 그것만으로도 충분하다. 이 책을 통해 현재의 주식시장의 이해하고, 스스로 돈 되는 종목을 찾아 싸게 사서 비싸게 파는 방법을 배워 성공 투자로 나아갈 수 있을 것이다.

나는 한 달에 1천만 원 월세로 경제적 자유를 누린다

나의 꿈 월천족
정일교 지음 | 값 17,000원

이 책은 저자가 다가구주택 신축으로 어떻게 경제적 자유를 이루었는지를 보여주는 실천서다. 저자는 최소한의 종잣돈으로 월 1천만 원의 현금흐름을 만드는 비법을 가감 없이 공개한다. 잠자는 동안에도 현금이 들어오는 파이프라인을 구축하는 방법이 궁금한가? 저자가 친절하고 상세하게 공개한 수익형 자산투자와 현금흐름 창출을 위한 비법을 통해 돈과 시간으로부터 자유로워지는 법을 배우고 실천할 수 있을 것이다.

다가올 현실, 대비해야 할 미래

지옥 같은 경제위기에서 살아남기
김화백 · 캔들피그 지음 | 값 19,800원

이 책은 다가올 현실에 대비해 격변기를 버텨낼 채비를 해야 된다고 말하며 우리에게 불편한 진실을 알려준다. 22만 명의 탄탄한 구독자를 보유한 경제 전문 유튜브 '캔들스토리TV'가 우리 모두에게 필요한 진짜 경제 이야기를 전한다. 지금 우리는 경제위기를 맞닥뜨려 지켜야 할 것을 정하고 포기해야 할 것을 구분해서 피해를 최소화해야 될 때다. 이 책은 현재 직면한 위기를 바라보는 기준점이자 미래를 대비하기 위한 하나의 발판이 되어줄 것이다.

'염블리' 염승환과 함께라면 주식이 쉽고 재미있다

주린이가 가장 알고 싶은 최다질문 TOP 77   염승환 지음 | 값 18,000원

저자 염승환은 유튜브 방송 〈삼프로 TV〉에 출연해 주식시황과 투자정보를 친절하고 성실하게 전달하며 많은 주린이들에게 사랑을 받는 스타다. 이 책은 저자의 첫 단독 저서로, 20여 년간 주식시장에 있으면서 경험한 것을 바탕으로 주식투자자가 꼭 알아야 할 지식들만 알차게 담았다. 이 책을 통해 모든 주린이들은 수익률의 역사를 새로 쓰게 될 것이다.

주식 왕초보가 꼭 알아야 할 기본

주린이도 술술 읽는 친절한 주식책   최정희 · 이슬기 지음 | 값 15,000원

지금은 주식투자를 반드시 해야만 하는 시대다. 많은 사람들에게 주식투자는 필수가 되었다. 다들 주식을 한다기에 덩달아 시작했는데 정작 주식을 잘 모르는 당신! 이 책을 통해 주식과 채권과 펀드는 어떻게 다른 건지, 주식거래는 어떻게 해야 하는 건지, 돈 되는 좋은 종목은 어떻게 찾아야 하는지, 경제와 주식은 어떤 관계를 가지고 있는지, 차트를 어떻게 보고 활용해야 하는지, 현재 돈이 몰리는 섹터는 어디인지 등 그간의 궁금증을 모두 풀어보자.

재무제표도 모르고 주식투자할 뻔했다

재무제표를 알면 오르는 주식이 보인다   양대천 지음 | 값 18,500원

많은 주식투자자들이 주식투자의 수익률을 높이는 데 재무제표를 어떻게 활용해야 하는지에 대해서 잘 알지 못했다. 그러나 성공적인 주식투자를 위해서는 재무제표를 제대로 볼 줄 알아야 한다. 저자는 현장에서의 오랜 경험을 바탕으로 실전경험과 이론을 접목시킬 수 있는 몇 안 되는 전문가다. 저자가 제시하는 재무제표 병법(兵法)을 통해 실적을 꿰뚫어보는 안목이 생긴다면 분명 오르는 주식이 보일 것이다.

주식투자 왕초보가 꼭 알고 싶은 것들

내 인생의 첫 주식 공부   백영 지음 | 값 17,500원

최근 두근거리는 마음으로 주식시장에 들어왔지만 막상 입문서로 삼을 책이 별로 없어 고민인 당신이 주식문맹을 벗어나고 투자의 바른 길을 가도록 돕는 최고의 주식 교과서이다. 자기의 현재 상황과 수준에 맞지 않는 주식 유튜브나 주식 카페 등에 가입해서 단타 추종자가 되지 말고, 이 책을 통해 주식투자의 A부터 Z까지 하나씩 알아가면서 비로소 주식투자의 진면목과 방법들을 알아가보자.

싸게 사서 비싸게 파는 최강의 실전 트레이딩 스킬

주식 멘토 김현구의 주식 잘 사고 잘 파는 법   김현구 지음 | 값 19,000원

'이데일리TV' '머니투데이' 등의 방송과 유튜브 '김현구 주챔TV'에서 초보투자자들의 코치로 이름을 떨친 주식 전문가 김현구의 첫 책이 출간되었다. 저자는 이 책에서 매매에 나선 개인투자자들이 알아두어야 할 주식의 기본원칙은 물론 시장파악, 종목발굴, 마인드 세팅 등 실전 매매기술과 관련된 모든 노하우를 공유한다. 스스로 수익을 내는 성취를 경험하고 싶다면, 이 한 권의 책이 열어주는 길을 따라 지금 당장 투자의 세계에 발을 내딛자.

박병률 기자의 OTT 경제학

OTT로 쉽게 배우는 경제 수업   박병률 지음 | 값 19,800원

국내 최고 경제 교양서 저자인 박병률 기자가 흥미진진한 OTT 콘텐츠들을 통해 어려운 경제개념을 친절하게 해설한다. OTT 콘텐츠 속 인물과 장면을 통해 경제 이야기를 쉽고 재미있게 술술 풀어내며, 우리가 사는 세상을 경제적 관점에서 바라보고 이해하게끔 도와준다. 경제에 대한 배경지식이 전혀 없는 이른바 '경알못'들도 우리에게 매우 익숙한 OTT 콘텐츠를 통해 경제의 핵심 개념들을 하나둘 알아가게 되고, 더 나아가 경제에 대해 더욱 지적 호기심을 지피게 될 것이다.

경제를 알면 투자 시계가 보인다

부의 흐름은 반복된다   최진호 지음 | 값 17,500원

이 책은 증권사와 은행의 이코노미스트로 일해온 저자가 금융시장의 숫자들이 알려주는 의미에 대해 끊임없이 고민한 경험을 바탕으로 최대한 쉽게 경기흐름 읽는 법을 알려주는 책이다. 시장경제체제를 살아가는 현대인들은 필수적으로 경기흐름을 읽을 줄 알아야 한다. 이 책을 통해 핵심적인 이론으로부터 투자 접근 방식까지, 나만의 '투자 시계'를 발견할 수 있는 기회가 될 것이다.

돈의 흐름을 아는 사람이 승자다

다가올 미래, 부의 흐름   곽수종 지음 | 값 18,000원

국가, 기업, 개인은 늘 불확실성의 문제에 직면한다. 지금 우리가 직면한 코로나19 팬데믹과 러시아-우크라이나 전쟁 등은 분명한 '변화'의 방향을 보여주고 있다. 국제경제에 저명한 곽수종 박사는 이 책에서 현재 경제 상황을 날카롭게 진단한다. 이 책에서는 인플레이션 압력과 경기침체 사이의 끝을 가늠하기 어려운 경제위기 상황 속에서 이번 위기를 넘길 수 있는 현실적인 방안을 모색한다.

쉽게 읽히는 내 생애 첫 경제교과서

경제지식이 돈이다
토리텔러 지음 | 값 18,500원

저자인 토리텔러는 초보 투자자들을 포함한 경제 초보자들이 평소 가장 궁금해할 만한 경제 개념과 용어를 그들의 눈높이에 맞춰 쉽게 설명한다. 주식투자, 부동산, 세금, 미래를 이끌어갈 기술과 산업, 다양한 투자상품과 재테크를 위한 기초 테크닉 등 경제상식의 A부터 Z까지를 알차게 담았다. 알짜배기만을 담은 이 책 한 권이면 경제 문외한이라도 경제 흐름을 파악하고, 투자를 통한 달콤한 수익도 맛볼 수 있을 것이다.

기술이 경제를 이끄는 시대의 투자법

테크노믹스 시대의 부의 지도
박상현·고태봉 지음 | 값 17,000원

테크노믹스란 기술이 경제를 이끄는 새로운 경제적 패러다임이다. 이 책은 사람들의 일상과 경제의 흐름을 완전히 바꿔놓은 코로나 팬데믹 현상을 계기로, 테크노믹스 시대를 전망하고 이를 투자적 관점으로 바라보는 내용을 담고 있다. 현 시대의 흐름을 하나의 경제적 변곡점으로 바라보며 최종적으로 미래의 부가 움직일 길목에 대해 진지하게 고민한 흔적이 담긴 이 책을 통해 투자에 대한 통찰력을 얻을 수 있을 것이다.

경제 왕초보가 꼭 알아야 할 기본

주린이도 술술 읽는 친절한 경제책
박병률 지음 | 값 16,000원

이 책은 오랫동안 경제부 기자로 일해 온 저자가 그간 여러 사람들에게 받아왔던 경제 관련 질문들을 80가지로 추려 명료하게 답한 책이다. 경제 용어에 익숙하지 않은 사람들도 쉽게 이해할 수 있도록 묻고 답하기(Q&A) 형식을 빌었기에 책 제목처럼 술술 읽힌다. 경제에 관한 모든 궁금증을 해결할 수 있을 것이다. 이제 막 투자를 시작하려는 사람들, 기본적인 경제 개념이 부족한 이들이 꼭 읽어야 할 책이다.

한 번도 경험해보지 못한 부의 시대가 열린다

부와 투자의 비밀
김도정 지음 | 값 16,000원

투자가 선택이 아닌 필수가 된 시대지만 많은 사람들이 무엇을 어떻게 해야 하는지에 대한 개념은 정립되어 있지 않은 현실이다. 이 책은 이를 위해 알아야 할 경제 전반에 대한 개념과 돈의 흐름에 대한 지식은 물론 투자에 대한 실천적 방법들을 알려주고 있다. 또한 절제와 성찰이라는 투자에 임하는 마음가짐도 전한다. 친절하고 쉬운 책이지만 결코 가볍지 않은 이 책을 통해 성공적인 투자전략을 배울 수 있을 것이다.

■ 독자 여러분의 소중한 원고를 기다립니다 ─────────────────

메이트북스는 독자 여러분의 소중한 원고를 기다리고 있습니다. 집필을 끝냈거나 집필중인 원고가 있으
신 분은 khg0109@hanmail.net으로 원고의 간단한 기획의도와 개요, 연락처 등과 함께 보내주시면
최대한 빨리 검토한 후에 연락드리겠습니다. 머뭇거리지 마시고 언제라도 메이트북스의 문을 두드리시
면 반갑게 맞이하겠습니다.

■ 메이트북스 SNS는 보물창고입니다 ─────────────────

메이트북스 홈페이지 www.matebooks.co.kr

책에 대한 칼럼 및 신간정보, 베스트셀러 및 스테디셀러 정보뿐
만 아니라 저자의 인터뷰 및 책 소개 동영상을 보실 수 있습니다.

메이트북스 유튜브 bit.ly/2qXrcUb

활발하게 업로드되는 저자의 인터뷰, 책 소개 동영상을 통해 책
에서는 접할 수 없었던 입체적인 정보들을 경험하실 수 있습니다.

메이트북스 블로그 blog.naver.com/1n1media

1분 전문가 칼럼, 화제의 책, 화제의 동영상 등 독자 여러분을 위
해 다양한 콘텐츠를 매일 올리고 있습니다.

메이트북스 네이버 포스트 post.naver.com/1n1media

도서 내용을 재구성해 만든 블로그형, 카드뉴스형 포스트를 통해
유익하고 통찰력 있는 정보들을 경험하실 수 있습니다.

STEP 1. 네이버 검색창 옆의 카메라 모양 아이콘을 누르세요. STEP 2. 스마트렌즈를 통해 각 QR코드를 스캔하시면 됩니다.
STEP 3. 팝업창을 누르시면 메이트북스의 SNS가 나옵니다.